謎の
九鬼文書
Kukami monjo
【復刻版】
reprint edition
今明かされる大本教の最高機密
佐治芳彦
Yoshihiko Saji

まえがきに代えて

ふつう「古事記以前の書」といわれている、いわゆる古史古伝にはいろいろある。

神代の万国史ともいわれる「竹内文書」をはじめ、神武天皇以前のウガヤ王朝史に詳しい「宮下文書」、また縄文から弥生にかけての私たちの祖先の生活百科全書といってもよい「上記《ウエツフミ》」、あるいは原《プロト》古事記ではないかとされている「秀真伝《ホツマツタエ》」などは比較的知られている。また、成立こそ近世であるが、二万年以上もむかしのウルム氷期の記憶を記している「東日流《ツガル》外《ソト》三郡誌」も古史古伝に含めてよいだろう。

そのほかにも、未公開のものがまだいくつか残っている。天皇家よりも古いといわれる物部氏の後裔が祀る唐松神社に秘められている「物部文書」、遣唐留学生の秀才として有名な阿倍仲麿の子孫に代々伝えられてきたという「安倍文書」などが代表的なものだ。なお、日本最古の飛驒王朝や、北日本に君臨していた蔵王王朝の事蹟を告げる「斐陀《ヒダ》文書」や「蔵王紀《ザオウノフミ》」などが世に出てこないともいえないのが古史古伝の現在的状況である。私は、これらの古史古伝のことを考えるたびに、日本は古い国、恵まれた国だという想いを新たにする。

もし、学者といわれる人々が、これらの古史古伝に記されているもののうち、かりに一パーセントでも史実であると認めたら、それこそ古代史についての文部省検定教科書的イメージは大きく変革されるだろう。いいかえれば、日本史学という学問的パラダイムは、一挙に崩されるかもしれないという危険性を古史古伝は潜在的に孕んでいるのだ。そして、この危険性が古史古伝を偽書視する人々の意識の底流にあるというのが私の判断でもある。

もちろん、戦前の学者のなかには、狩野亨吉（京大文学部長）や山田孝雄（東北大教授）のように、竹内文書（天津教古文書）や神代文字と真っ向から対決した人々もいた。両博士の場合については、すでに『謎の神代文字』でふれておいたが、その後、狩野博士の蔵書のなかに「上記」が入っていたという事実を確認したことはやはり一つの驚きであった（東北大学図書館の「狩野文庫」に、「上記」が含まれていた）。

だがその「上記」の古代文字（神代文字）と、漂泊の民山窩《サンカ》の研究で学位を取得した三角寛の『サンカの研究』に出てくるサンカ文字とを関連させて（両者は同一の古代文字である）研究し、民俗学や古代から現在にいたる山の民の生活誌の分野に新たな地平を開こうなどという研究者はついに象牙の塔から出てこなかった。

さて、「九鬼文書」である。

この、中世末期から近世初期にかけて西太平洋に雄飛した紀州熊野の九鬼水軍の統領、海賊大名九鬼家に伝わる文書には、私たち日本人の原郷《ルーツ》探索についての大きな示唆的情報が伝承されている。だが、問題はそれだけではない。その伝承には、日本の近代化の歪《ひず》みに対する民衆の生活的ルサンチマンの投影でもある戦前最大の民衆宗教——大本教《おおもと》——の中核的なものが見出されるのだ。

すなわち、大本教の開祖出口ナオと組織者出口王仁三郎とが、世に出し（復活させ）、このでたらめな社会（体制）の「立て替え、立て直し」を行なおうとした主神「艮ノ金神《ウシトラノコンジン》」は、九鬼文書の「宇志採羅根真《ウシトラノコンシン》」であった。そのことからもわかるように、同教の教義には、この文書の伝承が色濃く影を落としている。たとえば、大正年間の第一次弾圧を受けるまで、同教躍進の原動力となった「鎮魂帰神の法」も九鬼文書の秘儀であったのである。さらに出口ナオのお筆先「神諭」とともに聖典とされる出口王仁三郎口述の『霊界物語』にも、この文書の古代的世界観が大きく横たわっているのも否定できない事実である。

大本教のそれらの九鬼文書的要素は、一九三〇年代の社会的アノミーと不安とから反動的に形成された皇道的国家主義への同教団の「過剰同調」的な対応のなかにも、大本教的アイデンティティとして濃厚に残っていた。そして、そのことが一九三五年の同教への第二次弾圧につながっていたことを私は知った。

この日本の、私たち底辺社会層のもつ体制変革へのポテンシャル。これこそ九鬼文書の中核的なものといえるのかもしれない。私は、この事実につきあたったとき、イタリアの史家クローチェの「あらゆる歴史は現代の歴史である」というテーゼの重みを改めて思い知らされた。

失われた古代史の記憶は、私たちの意識の底（集団無意識層）に刻みこまれている。そして、その記憶は、私たちがアイデンティティの危機に直面したとき、意識の表層に浮上してくる。古史古伝についての私たちの関心の度合いは、この危機感とパラレルの関係にあるといってよいのではないか。

なお、本書の執筆にあたっては、実に多くの方々の激励と協力にあずかるところがあった。とくに、私のこの古史古伝シリーズの第一作『謎の竹内文書』以来の読者の方々の激励と、文献・写真など資料面で諸先達より賜わった協力とがなければ、本書の執筆は不可能だったであろう。ここに改めて感謝の意を表したい。

昭和五九年二月　　佐治芳彦

■【復刻版】謎の九鬼文書／目次

第二章　アメノミナカヌシ王朝の謎

第三章　出雲王朝は人類の黄金時代《ゴールデン・エイジ》だった

第四章　彷徨《さまよ》えるウガヤ王朝の軌跡

第五章　古代日本と「ユダヤの影」

第六章　古代史のワンダーランド＝熊野

第七章　天翔ける夢――大本教と九鬼文書

カバーデザイン　森　瑞（4Tune Box）
編集協力　掘井千帆
本文仮名書体　文麗仮名（キャップス）

序章

甦る熊野＝九鬼文書

熊野——鬼州、木の国、闇の国

恋しきや何《な》ぞわが古里《ふるさと》
あさもよし木《き》の国の
牟婁《むろ》の海山《うみやま》
夏みかんたわわに実《みの》り
橘の花さくなべに
とよもして啼《な》くほととぎす
心して、な散らしそかのよき花を

これは、紀州「木の国」熊野——新宮の生んだ芸術至上の詩人、佐藤春夫の絶唱「望郷五月歌」の一節である。

空青し山青し海青し
日はかがやかに
南国《なんごく》の五月晴《さつきばれ》こそゆたかなれ

荒海の八重《やえ》の潮路《しおじ》を運ばれて
流れよる千種百種《ちぐさももぐさ》
貝がらの数を蒐《あつ》めて歌にそへ
贈らばや都の子等《こら》に

熊野は、日本本土の最南端で、世界最大の黒潮、日本海流の流れる温い気候と美しい景観に恵まれた天地である。かつては照葉樹林でおおわれ、現在も常緑の暖地性樹林のよくしげった――木の国＝紀の国の名はそこから出た――紀伊山塊が、太平洋に大きくせり出し、いわゆる平野というものがほとんどない。熊野川のような相当大きな川もありながら、その流域も山ばかりである。

だが、この「空青し山青し海青し」と唱われたこの地には、先史時代から黒潮にのって渡来した多くの人々が住んでいた。地図を見てもわかるとおり、あの海岸線ぎりぎりにまで、けわしい山脚のせまる紀伊半島の周辺部にも、縄文期、いやそれも早期から人々が住んでいた跡がいくつも発見されている。

人々が渡来したということは、神々もまた渡来したということだ。熊野の「くま」は「カム」（神）であり、熊野とは「神々の住《す》まう聖なる地域」ということになる。

玉置山上から眺望する熊野の山々

それはまた、自分たちや神々たちの、永遠の母国（妣《ハハ》ノ国）である常世《トコヨ》の国への思慕の地でもある、根《ネ》の堅州《カタス》国への出発点でもあった。到着点はまた出発点でもある。

佐藤春夫は唱う。

心も軽くうれしきに
海《わた》の原見はるかすとて
のぼりゆく山辺の径《みち》は
杉檜樟《すぎひのきくす》の芽吹きの
花よりもいみじく匂い

…………

熊野の「くま」を「木《キ》（の）間《マ》」の転呼だというのも、もっともに思えるくらい、熊野は、いまも太陽の光をさんさんと浴びた常緑樹林帯である。

だが、この熊野も、この地方出身の作家中上健次によれば「鬼州、木の国、闇の国」となる。それは神武天皇の征服以来、敗れた者の住む「根の国」であり、太古以来の地霊のうめく「隠《コモリ》野《ク》」でもある。古代以来、明治の大逆事件の大石誠之助にいたる反体制の血が流れている国にしては、熊野の緑はあくまで濃く、海と空は輝くばかりである。

この黒潮と常緑樹林のむせぶような匂いにつつまれた木（鬼）の国、神の国に住んだ人々は、日本列島を席巻した弥生稲作文化とは、ほぼ絶縁に近い形で、古代縄文の遠く祖先《みおや》が残してくれた一つの伝承を、たいせつに継承してきた。それが九鬼文書である。

九鬼文書とはなにか

まず、その書名であるが、これは正しくは「九鬼文書《クカミモンジョ》」であって「九鬼文書《クキモンジョ》」ではない。ただ、鬼《カミ》と鬼《オニ(キ)》という字がまぎらわしかったことや、一般の活字に「鬼」という字がほとんどないため「鬼《おに》」という字を当てて「九鬼《クキ》文書」としているわけだ。

次に、この文書の作者であるが、このような、つまり「古事記以前の書」といわれている古史古伝の例にもれず、作者は明らかでない。ただ、この文書の「中臣神司秘法遍之二」の序《ついで》書《がき》によれば、九鬼家の遠祖である天児屋根命《アメノコヤネノミコト》の時代に記録された神代文字の文を、奈良時代に藤原不比等《ふひと》(大職冠藤原鎌足の子)が漢字に書き改めたという。だが、現存の九鬼文書は、この不比等の漢文訳を中核とし、彼以降の各時代のトピックスや系図類、それに神道関係の文献を、その時代々々の筆写者がつけ加えてきたものである。

したがって、作者として特定できるのは、天児屋根命《アメノコヤネノミコト》(文書では天児根命とも記されている)と、その一四九代の天種子命《アメノタネコ》(別名天子矢根命《アメノコヤネ》とある)、またその天種子命の二人の御子のうちの弟にあたる天中押別命《アメノナカオシワケ》の二九代大中臣牟知麿《オオナカトミムチマロ》(用明天皇時代の人物)、それに前掲の神代文字を漢字になおした藤原不比等がまずあげられる。

また、文書の「伝存群像遍」によると、以上の人々のほかに、鎌足はもちろん、その父の小《しょう》

九鬼文書（九鬼神伝全書）

徳冠者《とくかんじゃ》、また、藤原南家始祖の武智麻呂《たけちまろ》、同北家九代の帥尹《もろただ》、それに熊野別当初代の教真《きょうしん》、同別当湛増《たんぞう》、湛快《たんかい》、同一〇代道真《どうしん》などがいる。九鬼《くき》氏になってから（南北朝以降）は、九鬼初代薬師丸隆真《やくしまるたかざね》、九代嘉隆《よしたか》、一一代降季《たかすえ》、一九代隆都《たかちよ》、二一代隆治《たかはる》などの名が記されている。

すなわち、九鬼文書は右にかかげた人々の合作ということになるが、それらの人々も、古代以来の伝承の筆写と、各時代の年代記録《クロニクル》を筆録したりしてきたという意味での作者である。

第三に、この文書の実物であるが、それは約三〇巻（「約」とつけたのは、まだ巻物として製本されていない文書もあるからである）で、その筆写の最終年代は、紙の質などからみて、江戸前期――元禄時代あたりではないかというのが、戦前『九鬼文書の研究』を出した（ただし非売品）三浦一郎の印象である。

第四は、この文書の保管者であるが、これは記紀でいう天孫降臨のさい、皇孫瓊々杵尊《ニニギノミコト》を輔翼して降臨した供奉宰相神《ぐぶさいしょう》（首相格）である天津児屋根命《アマツコヤネ》（天児屋根命《アメノコヤネ》）以来、天皇家の祭祀をつかさどってきた大中臣藤原氏の後裔、熊野別当宗家の九鬼家である。

この九鬼家は、熊野別当一〇代道真の直裔である隆真を祖としている。隆真（薬師丸）は、建武中興のさい、後醍醐天皇が笠置《かさぎ》山から吉野に落ちのびたとき、三種の神器を警固して幕府側の追手と戦い、その獅子奮迅《ししふんじん》の戦いぶりが「鬼の如《カミ》し」しかも一人や二人の鬼ではないということから、隆真の家に代々縁のある「九」の字をつけて「九鬼」（九鬼と記して世人に「九《く》鬼《き》」とよばれた）の姓をたまわったという。

この九鬼一族が海上補給面で協力したからこそ、南朝が足利氏の天下になっても五〇年も続いたといえる。

この隆真の七世、九鬼嘉隆は、戦国時代の水軍大名で、豊臣秀吉の朝鮮出兵のさいの水軍総督であった。彼は熊野から志摩《しま》半島に移り、鳥羽五万五千石を領していたが、関ヶ原の戦後、九鬼家は丹波の綾部《あやべ》と摂津の三田とに分封された。このうち綾部の九鬼家が、この文書を保管してきたわけである。

なお、九鬼家といえば、戦前の京都大学の哲学教授で『いきの研究』で知られた九鬼周造博士を思い出される人もいるかもしれない。だが、この異色の哲学者は、綾部の九鬼家ではなく、三田藩主だった九鬼家の御曹司であった。

最後に、その内容となるが、現在まで発表されている部分は、次の九篇に群別されている。

(1)歴史秘録（「神代略」「神代系譜」「天地言文《アメツチコトフミ》」など、宇宙創成から神武朝六二代村上天皇の世までの年代記録《クロニクル》関係）

(2)古代和字（神代文字関係で「大中臣神字秘遍」「九鬼字秘遍」など）

(3)神道宝典（大中臣神道の精髄を伝える文書類で「鬼門祝詞」「天津古止文《アマツコトブミ》」「天津蹈鞴《アマツタタラ》秘文」などを含む）

(4)太占《フトマニ》秘想（「天真宗門総秘論」「天津金木《アマツカナギ》」など、大中臣家伝来の卜占秘法）

(5)兵法武教（「九鬼神伝天真兵法天門《てんもん》地門《ちもん》遍」「九鬼柔《やわら》体術活法遍」「九鬼神流系譜」などを含む）

(6)病理医薬（「中臣秘法遍所載神医法」ほか薬草、精神医療、鍼灸《しんきゅう》法など）

(7)渡来秘法（「金剛秘法遍」「金剛密法遍」「三密法力遍」など熊野修験道や密教関係の諸史料）

(8)筆録群像（九鬼文書の筆録、筆写関係者の伝記と、紀州系九鬼一族関係者の紹介）

(9)九鬼宝物（九鬼家秘蔵の神宝目録、歴代天皇御《ご》辰翰《しんかん》など）

三浦一郎

だいたい以上であるが、その具体的内容については、次章以下でふれていきたい。

なお、これらのうち「歴史秘録」篇（『九鬼文書の研究』の著者三浦一郎は、これを「国体・歴史篇」とよんでいる）の時・空間的なスパンは、竹内文書と似ているが、次のように時代区分している。

(1)造化準備時代（創造神母止津和太良世乃《モトツワタラセノ》大神――太源輝道神祖ともいう――から二三世、二万三〇〇〇年）。

(2)造化時代（天津《アマツ》身光《ミヒカリ》大神から天御中主《アメノミナカヌシ》大神までの一三世。一世二四代だから計三一二代となりその期間五万余年）。

(3)修理固成の神皇時代（天之御中主天皇から伊弉諾天皇までの一二世。一世一二代だから計一四四代、二万余年）。

(4)万国統治神皇時代（天照坐天皇《アマテラスニイマススメラミコト》から彦火々出見天皇《ヒコホホデミノスメラミコト》まで七世。一世七代で計四九代、八千余年、出雲王朝の開幕と国譲りまで）。

(5)鵜茅不合葺《ウガヤフキアエズ》天皇時代（一世七三代、千二百余年。『古事記』や『日本書紀』の皇統譜で、

一世一代とされているウガヤ朝が七三代にわたって続いていた点が注目される）。
(6)神武天皇時代（神武以降の皇統譜自体は記紀の場合と同じだが、仏教の伝来時における、その受容をめぐる政争の裏面史が重要であろう。つまり、その政変の過程で、神代の万国史が焼失したからである）。

以上概観してきたように、九鬼文書は、たんに異色の史書であるだけでなく、古代の百科全書的体系をもっていたことがわかる。ちなみに、茶道とか華道といった芸術的分野についての伝承まで含まれている。

なお、その歴史部分においても、他の古史古伝と相当異なった記述が少なくない。たとえば、記紀はもちろん一般の古史古伝でも傍系視されている出雲王朝（スサノオノミコトの皇統）を正統としている点がまず注目される。

次に、私たちの祖先の、日本列島渡来以前の活躍――竹内文書ふうにいえば「神代の万国史」――が、いかにして正史から抹殺されたか、その真相を告げている点も重要である。また、この真相は、竹内文書や物部文書など古史古伝の成立の謎を解く鍵ともなるものだ。

第三に、この文書の伝承が、他の古史古伝の場合とはちがって、近代においてある宗教的天才によって現実的にその再生が試みられたことであろう。しかも、政府（国家権力）の弾圧がなければ、その試みはおそらく成功したかもしれなかったという事実がある（第七章参照）。

現在の世界の混乱、文明の行き詰まりから、終末論的思潮が多くの人々の心情的底流となっている。だが、それも聖書でいう「至福千年」に私たちや私たちの子孫が入る前提としての苦悩の表現である。二〇〇〇年まえ、ナザレの予言者は「天国は近づけり、汝ら悔い改めよ」と叫んだが、そのことばが、いよいよ現実的となってきている。

私は、一般の終末論者とはちがって、最後の審判の日こそ、私たちの祖先が願ってやまなかった至福の時代に入る第一日ではないかと考えている。そして、この「私たち」とは、日本列島の住民である「私たち」だけではない。それは、太陽のもと、平和な生活にかぎりなく憧憬《あこが》れつつも、なお苦悩しているあらゆる地域の人々のことである。

釈迦も孔子もキリストもマホメットも、そしてゾロアスターも、より大いなる神の、いうなれば「命《みこと》もち」であった。九鬼文書によれば、大洪水後の人類の父となったノアも、奴隷の境遇に苦しんでいたイスラエル人の大集団を率いてエジプトを脱出した予言者のモーゼも、人類の原罪をあがなうために十字架にかかったイエスも、またカースト制のくびきから衆生を救おうとした釈迦も、私たちの祖先と同じ血が流れていたことを教えてくれる。

「万教同根」「万教帰一」という古史古伝のテーゼを、もっとも強力に主張しているのが九鬼文書である。退けられ、拒まれるのは偽善の徒だけというのが、この照葉樹林と黒潮の匂いに育《はぐ》くまれてきた伝承の世界なのだ。

私はいま、この伝承を手がかりとして、私たちの民族的集団無意識に刻みこまれた、はるかむかしの壮大な原《プロト》スサノオのイメージを再構成してみたいと思う。

第一章

神々はいかにして誕生したか

はじめにモトツワタラセノオオカミありき

はじめに何があったか？　何がおこったか？　つまり、この宇宙はどのようにしてできたのか？

おそらくあけぼのの石器人以来、数えきれないほどの多くの人々がこの疑問をもって生き、そして死んでいった。私たちが現在もっている宗教や哲学、それに科学でさえも、そのすべての種子は、この疑問解明への接近《アプローチ》にあったといってよいだろう。

だが、月に人間を運べる時代——科学万能の現代においても、この疑問について、十分に納得のゆく説明はなされていない。

なぜなら、科学は観測（観察）できる領域について、きわめて効果的な手法を提供するが、宇宙のように原理的に観測不能な部分を含む領域については、大きな限界があるからだ。そのため宇宙論《コスモロジー》cosmologyは、天体物理学など自然科学と本質的にちがったものとなる。いいかえれば、科学はこの宇宙創成の謎解きについては、万能どころか、そもそも不適格なのである。

たとえば科学的な宇宙論として、アインシュタインの相対性の理論にもとづく「宇宙膨張論」というものがある。それによると、宇宙は過去のあるとき、無限に小さく、密度が無限に大きかった状態から爆発し、膨張したという（「爆発宇宙説《ビッグ・バン》」）。

だが、爆発以前の、つまり大きさが無限小で、密度が無限大の「宇宙の卵」が、どうしてできたかとなると、科学は沈黙するだけである。そして科学者は、その解釈を哲学者や宗教家にゆだねるわけだ。

となると、私たちは以下に紹介する九鬼文書の「天地言文《アメツチコトフミ》」の記述をいちがいに笑いとばすことなどできないということになろう。

「天地初発ハ不明ニシテ知ルニ由《ヨシ》無キモ　世ノ中暗黒《クラ》ク闇明ヲ分タズ　事物又定ラズ　只一《タダ》ツノ逍《タダヨ》ヘル気ト現《アラ》ハレタル力ト在リ　寄《ヨ》リ寄リ凝固《コリカタマ》リテ一物成ル……」

すなわち宇宙の誕生、というよりも「宇宙の卵」の誕生についてはわからないし、また知ることもできないと、まずピシャリと人間の科学的認識の限界を押えている。つまり、わかりやすくいえば、この問題（宇宙論）に関する限り、科学は無効であると、あらかじめ釘をさしている点に注目したい。この姿勢こそある意味では、もっとも科学的（合理的）といえるかもしれない。

次に暗黒のなかに「気」と「力」とがあったと述べているが、これは現代ふうにいえば、エーテルとエネルギーとが存在していたということになろう。

「力」をエネルギーというのは、まずよいとして、問題は「気」である。私は一応これをエーテルと見立ててみた。ではエーテルとは何だろうか？　ニュートンによれば、それは万有引力が作用する媒体であり、絶対静止の状態にある絶対空間にあまねくびまんしているものである。ちなみに彼は「エーテルの海をゆく地球」という表現をした。

だが、残念（？）なことに、現代物理学は、このエーテルの存在を否定することで成立している。すなわち、ニュートンがいうように地球がエーテルの海を運動しているなら、エーテルの風がおこるはずなのに、マイケルソンとモーリーの精密な観測の結果、そのエーテル風など存在しないことがわかった。そしてアインシュタインの理論は、その観測結果を踏まえて築かれたわけである。

とすれば、この「気」をニュートン的文脈でのエーテルと見るのはやはりダメである。それは、東洋的な「気」、つまり万物を生育する天地の精、あるいは事物が生起する「気配《けはい》」、つまり物理的に観測不能の「逍《カス》カナ気（配）」として理解すべきであろう。

さて、このかすかにただよっている「気」と、エネルギーとが、凝縮して（「寄リ寄リ凝固《コリカタマ》リテ」）「一物成ル」。そして、この「一物」こそ、サイズが無限に小さく、しかも密度が無限に大きな「宇宙の卵」である。この「宇宙の卵」が「気」みちて「大爆発《ビッグ・バン》」して、膨張を開始し、やがて――といっても一五〇億年後――現在の宇宙に進化したわけである。

九鬼文書では、この「一物」を宇宙の元始神とよび、その神の名を

母止津和太良世乃大神《モトツワタラセノオオカミ》

という。そして、この神を中心に原始宇宙が創成されていく。

元始神モトツワタラセは「宇宙の卵」

元始神モトツワタラセは、「宇宙の卵」であった。この卵の体内に充満してきた「気」が一つの意識ともいうべきものをもったとすれば、それはまさに神とよぶにふさわしい。だが、この意識ともいうべきものが生まれるまでには、それこそ超天文学的時間が経過したであろう。いや、時間は、このモトツワタラセが意識をもつまでは存在しなかったといったほうがよいかもしれない。

さて、その「宇宙の卵」の意識は徐々にめざめ、やがてそれは体内に無限大の密度で圧縮されていた「力」（エネルギー）の解放を志向した。

現代の科学的宇宙論では、「宇宙の卵」は、初期の段階ではプラズマ状だったとしている。そのプラズマのなかに、裸の、つまり活性化された陽子や中性子や電子が、それこそ押しあい、へしあっていた。そして、その温度は摂氏一〇億度といわれている。これで核融合（大爆発）がおこる条件がととのったわけだ。「宇宙の卵」モトツワタラセの体内の「気」と「力」とがある限界量に到達した瞬間、「宇宙の卵」は大爆発をおこし、無数の微粒子となって全方向に拡散した。

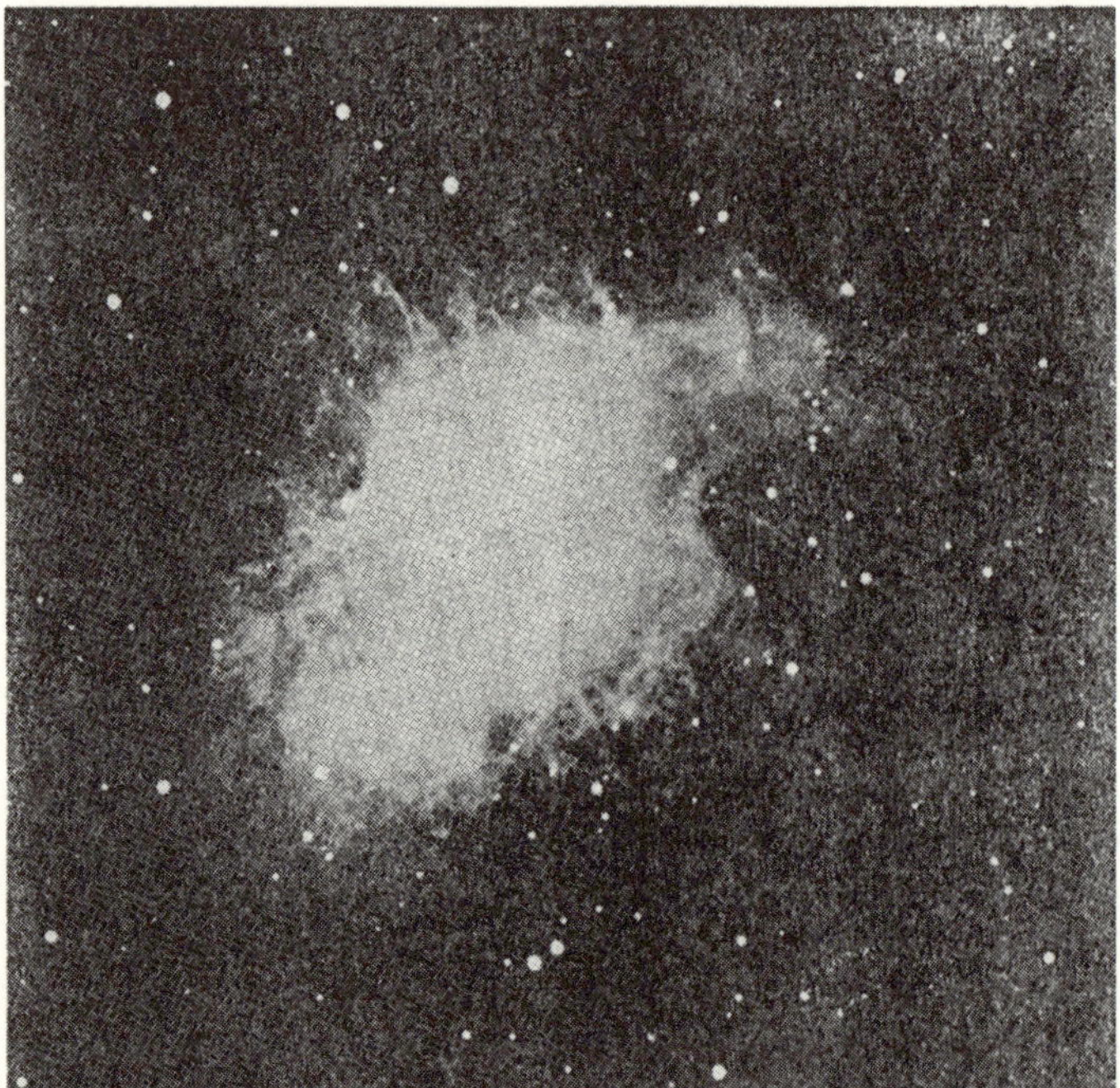

壮大な宇宙のドラマ――それは同時に神々のドラマでもある

これが、いうなれば「膨張する宇宙」の発端である。この大爆発によって放出され、四方に拡散した無数の微粒子は、数億年かかって凝集して「原始星雲」となった。

この間の消息を九鬼文書の「天地《アメツチ》言文《コトフミ》」は、次のように簡潔に伝えている。

「此神《コノカミ》ノ気ト力　四方ニ活動シ　幾数ノ姿《スガタ》形《カタチ》顕《アラワ》ル　天津《アマツ》神々《カミガミ》ナリ」

この「幾数ノ姿形」が原始星雲であり、それを文書は「天津神々」とよんだわけである。そして、この「宇宙の卵」（モトツワタラセ）の「気」と「力」が満ちて、大爆発するまでの期間ないし過程を、九鬼文書の研究者、三浦一郎は、

第一期　造化準備作用時代

とよび、同文書では、

「太源神祖（モトツワタラセ）ヨリ天津《アマツ》身光《ミヒカリ》大神マデ二十三世」

としている。

なお、この時代は一世一代であるから、二三代ものモトツワタラセが存在していたことになる。これをモトツワタラセの襲名としている人もいるが、それは誤りである。私はこのモトツ

ワタラセの二三世（二三代）は、「宇宙の卵」が大爆発にいたるまで、二三段階の生成発展の相《フェーズ》をとったというふうに解している。つまり、モトツワタラセは、その誕生から爆発にいたるまでの変容の段階が二三あったということで、モトツワタラセ自体は独神である。

さて、この二三段階変容の過程に経過した時間は、文書では「二万三千年」とある。だが、この数字は竹内文書など古史古伝の時間表記の場合と同じく、ここでは一応、悠遠という意味の古代人的表現と解しておこう。

なお、数学にこだわるわけではないが、九鬼文書では、同じ悠遠な時間の経過を表現するときでも、せいぜい「万年」オーダーであって、竹内文書のように「億年」とか「億兆年」といった数字を用いていない点に注目したい。

というのも「万」という数字が、私たちの祖先にとっては、精一杯の数量表記だったたし、それだけにまた、この伝承に現実味《リアリティ》を添えているからである。事実、私たちの祖先にとって「万」以上の数字が考えられなかったということは、『古事記』や『日本書紀』の神代の巻を見ても、最大の数量的表現は「八百万《ヤオヨロズ》」の神々である。だが、この「八」は、多くの、つまりmanyという意味であって、「八百万」といってもa great manyといった意味の表現でしかない。ちなみに古代人で「億」オーダーの数字をマスターしていたのは、インドのウパニシャッド哲学者である。

なお、これまで引用してきた九鬼文書の「天地言文《アメツチコトフミ》」は、もともと宇宙創成からはじまる世界史の「根基」であったといわれている。この文書は、アメノコヤネノミコトの一四九代アメノタネコノミコトによって伝えられた「秘文」とされてきた。当初は「天之巻」と「地之巻」との二巻構成だったらしいが、「天之巻」は「神史略」に引用されているわずかな部分を除いて残っていない。したがって、これまでの私の引用は、すべて「神史略」からのものである。

アマツカミガミが銀河系宇宙を作った

「宇宙の卵」が大爆発して、原始星雲（複数）が誕生するまでの期間が、三浦一郎のいう、

第二期　造化時代

に相当する。そして、この間に形成された多くの原始星雲が「天津神々《アマツ》」ということになる。

この場合の天津神々とは、天地開闢に関与した神々という意味であって、のちの国津神に対する天津神とは性格的に大きくちがった神々である。

天津神々のなかで最高神を、

天津《アマツ》身光《ミヒカリ》大神

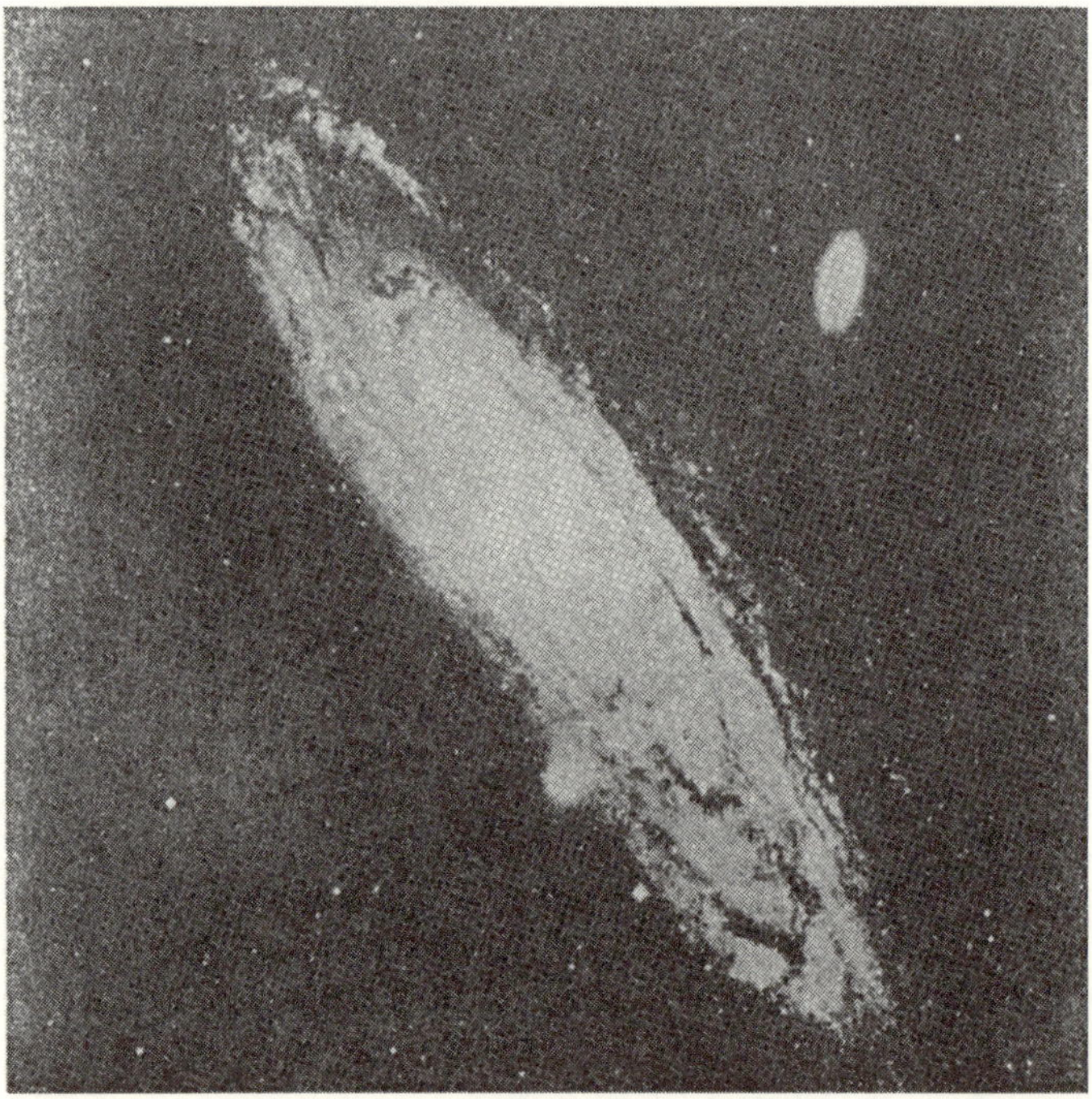

アンドロメダ星雲も天津神々の分身だ

と称する。ただし、私はむしろ、天津神々の総合神格だったと見たい。

もっとも、この神を次の時代、つまり三浦一郎のいう「修理固成ノ神皇時代」を開いた天之《アメノ》御中主大神《ミナカヌシ》までの期間（一三世、ただし各世二四代だから計三一二代）、宇宙の経綸《けいりん》に参与した神々の主宰神の襲名だったのかもしれない。それとも、あまりにもはるかな過去の伝承だったため、各世、各代の主宰神の名が忘却の底に沈んでしまったのだろうか。

この問題は、一応あと回しにして、この「天津神々」の働きについて話そう。

さて、元始神モトツワタラセのいわば分身ともいうべき原始星雲（天津神々）は、それ自体の内部でガス塊が凝集して、多くの原始星を形成する。この原始星の球状に集まったものが球状星団であるが、原始銀河系（星雲）も球状であったと考えられる（現在の私たちの銀河系は偏平楕円状）。

また、この原始銀河系の初期に形成された星（原始星）は、次第に進化し、進化の最終段階で放出（巨星・超巨星の表面からの放出、あるいは超新星の爆発）された物質が、銀河面に密集する星間物質と混って、新しい星が誕生する。

すなわち、アマツミヒカリの「造化時代」とは、原始星雲から原始星（団）の形成、進化、そして巨星・超巨星からの放出、あるいは超新星の爆発による新世代の星々の形成、それらの星々からなる銀河系の成立までの期間ということになろうか。

なお、この造化時代（厳密には「造化育成ノ準備」時代）の期間を「神代系譜」では「五万年余」と記している。だが、この場合も、一応、古代日本人の天文学的表記と解しておいたほうがよいだろう。参考までに、この「五万余年」は、現在の科学的宇宙進化論でいう「数億年」に相当する。

このアマツミヒカリの造化育成の過程で、特記事項をあげれば、それは三人の重要な神が生まれたことである。「天地言文」によれば、

「此時《コノトキ》一ツノ強キ光ト熱ト顕《アラワ》レ凝固《コリカタマ》リテ神体ト成ル
天照日大神《アマテラスヒ》　亦名《マタノナ》　天津日身光大神《アマツヒミヒカリ》
続キテ
天津月身《ツキ》光大神
天津日月豊宇気《トヨウケイ》生大神」

というのがそれである。

「此三神ハ　日月星三体ノ動作ト形態トヲ教示成《ナ》シ給ヒ　亦《マタ》天神地祇八百万神《ヤオヨロズ》ノ根底ヲ成シ給フ」

日・月・星に象徴される銀河系宇宙ができたわけである。そして、この三神の「動作」を、

高津神《タカツカミ》造大神《ツクリ》

と称する。ここにこの神（太陽系の創成神）が総合神であることがはっきりした。そこで、本節のはじめの部分で保留しておいた天津身光大神が総合神であるか、世襲神であるかという疑問についても、一応の回答が出たわけである。

ちなみに、これまで述べてきた神々の時代には、まだ「陽陰ノ定メ無ク」ということだった。この状況を九鬼文書では「幽態《ゆうたい》」と記しているが、この高津神造大神に総合された三神の活動によって、

「天津豊宇気大神《アマツトヨウケ》
国津豊宇気大神《クニツ》
ノ二神出顕シ此二神ニ依リ始メテ陽陰定マル」

この「陽陰」（つまり「陰陽」だが）が定まったということは、神話的には男神と女神とが生まれた（神格に性別がついた）ということである。すなわち、このことによって、宇宙の本格的な造化育成がはじまったということであろう。

銀河系進化プログラムの管理者がタカツカミツクリ

天津日身光・同月身光・同日月豊宇気生大神の三神の総合神である高津神造大神《タカツカミツクリ》が、古代人たちに日・月・星によって象徴される銀河系宇宙を創造した。ということは、この神は、原始銀河系内の各原始星団が、現在の銀河系宇宙やそれに含まれる多くの太陽系、さらに各太陽系に付属する惑星系に進化する過程ないしプログラムをコントロールしたと見るべきだろう。私はむしろ、この神（高津神造大神）は、その原始銀河系から現在の銀河系への進化の過程そのものだったと考えたい。

次に注目したいのは、この段階まで、神々が、いずれも「陽陰ノ定メ無ク幽態」の存在であったという点であろう。つまり九鬼文書の宇宙創成神話の神々も、『古事記』や『日本書紀』の神話の冒頭に出てくる神々――いわゆる別天神《コトアマツカミ》といわれる――の場合と同じく、「独神《ヒトリガミ》」であって、また「隠身《カクレミ》」だったということである。これは神々が、宇宙創成の「第一動力」あるいは「過程」、さらには「プログラム」そのものであったということではなかったろうか。

また、この「独神」で「隠身」だったということから、これらの神が、キリスト教でいう神《ゴッド》God、つまりエホバの一つの形相《フェース》である「精霊《スピリット》」だったのかもしれない。もしかしたら、キリスト教の聖書よりもさらに古いユダヤの予言書「カバラ」でいう「波動」だったという可能性もある（「はじめに波動ありき」カバラの書）。

モトツワタラセ神統譜

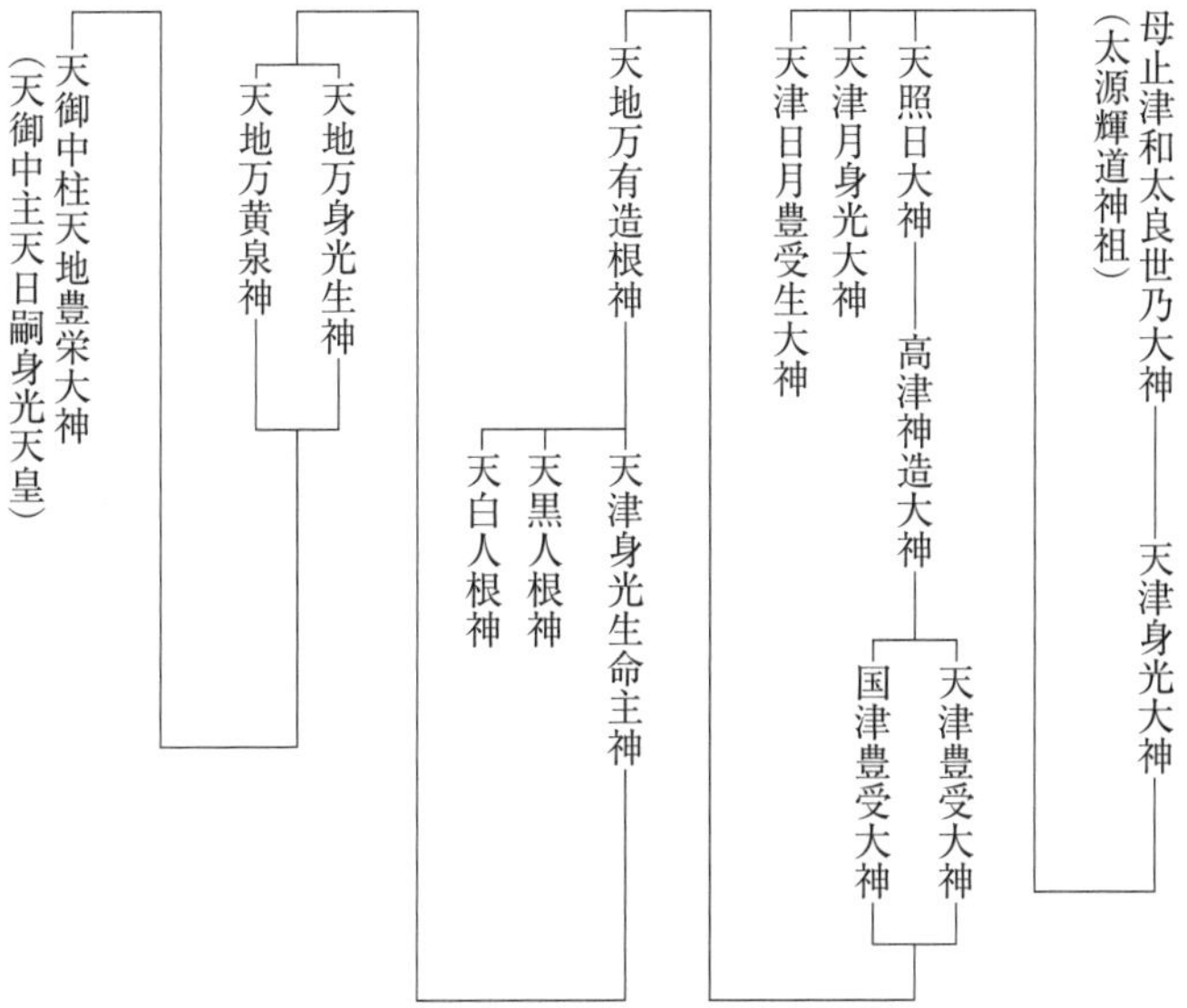

いうまでもなく「波動」とは、何らかの物理的な状態の変化が、空間（媒質）の一点から、その周辺部に向かって、ある速度で伝わる現象のことだ。その「空間」とは原始宇宙であり、その「一点」とは「宇宙の卵」であったモトツワタラセである。

高津神造大神の働きによって、最初の耦生《ぐうせい》神《しん》（男女本神・夫婦神）である天津豊宇気《アマツトヨウケ》大神・国津《クニツ》豊宇気大神が出現したことについては、さきにちょっとふれておいた。

『古事記』や『日本書紀』の神統譜では、最初の耦生神を、宇比地邇《ウヒジニ》神・妹須比智邇《イモスヒジニ》神としている。九鬼文書の神統譜（「神代系譜」）にもこのウヒジニ・イモスヒジニに相当する宇比知邇《ウヒチジ》・須比知美《スヒチミ》という神皇・神后のコンビが出てくるが、これは実は天地創造のはるかあとのことである。

この原因は、記紀の神統譜がいかなる理由にもとづいたのか、とにかく天御《アメノミ》中主神《ナカヌシ》以前の神々をすべてカットしてしまったからである。

このように、アメノミナカヌシをモトツワタラセ的元始神に繰りあげた記紀編さんの意図は、要するに私たちの祖先の伝承から、神代の万国史的な要素を抹殺するためであった。では、なぜ抹殺する必要があったかといえば、それは、自分たちの被支配者の同一性《アイデンティティ》を混乱させることが、支配権確立のためにもっとも緊要のことと彼らに考えられたからである。この問題は古史古伝というよりも、日本の古代史の謎を解く鍵《キー》であるのだが、それは後章にゆだね、ここでは、ただそのアメノミナカヌシ以前の神々について記載されている点をみただけでも、九鬼文書の伝承が、記紀伝承よりも、はるかに古態的なものだということを知ってもらいたい。

さて、九鬼文書の「天地言文」にもどろう。「天地言文」では、元始神から、この最初の耦生神までの「八神」を、とくに「造化《ツクラシ》根起《ネオコシ》ノ神」と称している。つまり、耦生神の誕生までを宇宙創造の時代としているわけだ。

このことは、記紀神話や他の国の神話でも、何らかの形の耦生神の登場でもって、神話の主題や舞台が地上的なものになることと対応している。つまり、神話が人間くさくなってくるわけだ。だが、九鬼文書の場合は、この天津・国津豊宇気という耦生神の登場によって、本格的な「万有造化」がはじまったわけだが、人間はまだ登場してこない。

いいかえれば、九鬼文書の神話は、創造の分野では、他の神話とは比較にならないほど克明に記述されていたわけであり、そのこと自体、このような伝承をもち、もち続けてきた人々の知的卓越性を物語るものである。古代人は、というよりも、私たちの祖先は、現代の私たちが想像するよりも、はるかに知的だったということだろう。つまり、縄文人は現代の私たちが想像するよりも、はるかにすすんでいたということである。

われわれ一般庶民は八百万《ヤオヨロズ》神の末裔である

最初の耦生神《ぐうせい》（夫婦神）である天津豊宇気・国津豊宇気の二神の出現によって、万有造化の作業が本格的にスタートした。そして、まず万有造化の基礎作業を担当する天地万有造根《アメツチヨロズツクラシネ》神が誕生した。この神こそ全世界（地球）の棟領《とうりょう》と仰がれる造化神であり、「天津日嗣《アマツヒツギ》」でもある「黄人根《キヒトネ》国ノ祖神」であった。

このアメツチヨロズツクラシネノカミのもとに、多くの神々が生まれ、万有造化に取り組んだ。

まず天津身光生命主《アマツミヒカリイノチヌシ》神は、宇宙（地球）の一切の生命を主管する神である。また、この神から生まれた二神、天地万身光生主《ヨロズミヒカリイノチヌシ》神と天地万黄泉《ヨミ》神。前者はまたの名を「顕生ノ神」ともいい、生命の誕生を支配する。それに対して後者は「幽世ノ神」と称され、生命の終焉、つまり死を支配する神である。

この二神によって「万有ノ生死ノ定メ成レリ」と「天地言文」は伝えている。すなわち天津身光生命主・天地万身光生主・天地万黄泉の三神こそ「万物生命ノ主神」とよばれるべき神々であった。

なお、天地万有造根神《ヨロズツクラシネ》は、この天津身光生命主神以外にも多くの神々を生んでいる。そのなかでも、とくに注目されるのは次の二神であろう。

天之黒人根神《アメノクロヒトネ》（黒人根国造化ノ祖神）
天之白人根神《シロヒト》（白人根国造化ノ祖神）

地球の造化諸神の最高神（棟領）である前述の天地万有造根神が、天津日嗣の正統である「黄人根国ノ祖神《キヒトネ》」であることからすれば、その子の黒人根神《クロヒトネ》・白人根神《シロヒトネ》の二神は、神統譜上からは、ワンランク下位ということになる。

だが私の見るところ、これは地位的ないし身分的ランキングの問題ではなく、造化創造の時間的順位であり、その順位でもって黄人根・黒人根・白人根国のあいだに上下関係をおこうとするのは誤りである。

さて、次に生まれたのは「天地造化ノ八神」といわれる八人の神々である。

天津《アマツ》比《ヒ》登姿《トカタチ》造《ツクラシ》根神《ネノカミ》
天津《アマツ》植物《クサキ》造《ツクラシ》根神《ネノカミ》
天津《アマツ》動物《イクモノ》造《ツクラシ》根神《ネノカミ》
天津《アマツ》鉱物《イワイシ》造《ツクラシ》根神《ネノカミ》
天津《アマツ》保食《ウケモチ》創《ハジメ》神《ノカミ》
天津《アマツ》羽衣《キモノ》造《ツクリ》主《ヌシ》神《ノカミ》
天津《アマツ》比《ヒ》登《ト》宮《ミヤ》造《ツクリ》神《ノカミ》
天津《アマツ》言文《コトフミ》造《ツクリ》主《ヌシ》神《ノカミ》

それぞれの神名からも見当がつくように、人間の形姿（人体）・植物・動物・鉱物・食糧・衣類・住居・言語を創造し、進化させた神々である。

この「天地造化の八神」に続いて、

天津《アマツ》八意文字造根《ヤココロモジツクラシネ》神

という「万国文字ノ始神」とされる神が出現した。

人間が現われ、動・植物、鉱物が生じ、それに衣・食・住、言語ができると、記録したり、通信したりする文字が必要となってくるから、この神の登場もきわめて当をえたものである。

この文字の創造神が「天地造化ノ八神」や次に紹介する「天地万物動作造化ノ八神」とは別格に、ただ一神あげられている点に私は注目した。

というのも、それは古代の日本人が、いかに「文字」というコミュニケーションの媒体《メディア》を尊重したかを示す、いいかえれば、情報の重要性を衣食住と同格に認識していたかを示す証拠と思われるからである。

次に「天地万物動作ノ八神」に移ろう。

天津豊国昼押開別神《アマツトヨクニヒルオシアキワケノカミ》　天津年玉主神《アマツトシタマヌシノカミ》
天津豊国夜推閉別神《アマツトヨクニヨルオシトジワケノカミ》　天津日算主神《アマツヒカズヌシノカミ》
天津四季結緒神《アマツシキムスビノオノカミ》　天津時刻主神《アマツトキコクヌシノカミ》
豊栄方面主神《トヨサカエムキヌシノカミ》　天地行路示主神《アメツチイクミチシメシヌシノカミ》

この神々の名からもわかるように、「天地万物動作」とは宇宙の（地球を含めた）天体の「運行」（公転・自転の軌道など）をコントロールすることである。この八神は、それぞれ、昼・夜・年・日・季節（四季）・軌道・時・方向という「動作」を担当する。

右の「天地万物動作ノ八神」の次に、きわめて人間くさい神が登場する。すなわち、

天艶姿玉杵毘売《アメノアデスガタタマキヒメ》神

である。「天地言文」によれば、この女神は「舞歌始ノ神」とあるが、いうなれば芸術の女神

である。
そして、最後が、
八百万神《ヤオヨロズ》――神人（群民）
群生
ということになる。
これによると、私たち一般庶民（群民）が八百万神の後裔だということは、一応わかるが、問題は「群生」である。私はこれを字義どおり、もろもろの生命体（微生物から人間以外の哺乳動物まで）と解するが、ここで注目したいのは、その生命体（生命群＝群生）を、この文書では人間と同格に扱っている点である。私はここに、私たちの祖先の自然観・生命観を端的に見る。

「宇宙船地球号」への縄文人の問い

八百万神《ヤオヨロズノカミ》――神人（群民）、そして群生の生誕をもって、地球上の「万有造化」のプログラムは一応完結したことになる。
このプログラムで、私が関心をもったいくつかの点について述べてみたい。

まず第一に「万有生死ノ定メ」というのがあった。すなわち地球上の生命の生みの親神である天津《アマツ》身光《ミヒカリ》生命主《イノチヌシ》の二人の子、顕生界（生存）をつかさどる天地《アメツチ》万《ヨロズ》身光《ミヒカリ》生主《イノチヌシ》と、幽界（死）をつかさどる天地万黄泉《ヨミ》神の登場である。

ここに一切の生命の、生と死、そして再生とくり返す輪廻《りんね》―転生《てんしょう》の法則がシステム化されたわけだが、万有造化のプログラムは、この生―死―再生……という循環《ループ》システムを組み込むことによって、ほぼ完成したといってよい。

次に、この顕・幽（生・死）二界をそれぞれつかさどる二神の聖なる結婚によって、天津日《アマツヒ》嗣《ツギ》の大神であり「万国統治ノ神」とされる天之《アメノ》御中柱《ミナカハシラ》天地豊栄《アメツチトヨサカ》大神が誕生する。この大神の登場によって「神代系譜」の第二期――造化時代の幕は下り、新しい群民・群生とその支配者の時代が開かれることとなる。いわばエポック・メーキングな事件といってよい。

第三に、前節でもふれたが、九鬼文書では八百万神の子孫の「群民」と「群生」、つまり人間以外の動植物とを同格に扱っている点である。これは自然と共存するか、自然を征服するか、という人間の生き方、文明の姿勢の基本的選択にかかわる重要な問題である。

私たちの遠い祖先――縄文人は、すでにこの問題に対して、何らの躊躇《ちゅうちょ》なく、自然との共存を選択した。いわゆる縄文八〇〇〇年の生活がその結果である。閉ざされたシステムとしての「宇宙船地球号」の乗組員《クルー》として私たちは、この問題をもう一度、真剣に考えなおすべきであろう。これが九鬼文書が私たちにつきつける問いの一つである。

次に、この九鬼文書に登場してくる多くの神々の名称（神名）について考えてみたい。

まず元始神モトツワタラセノ大神は、大宇宙の根本であり、同時に大宇宙全体にその神威があまねくゆきわたっているという意味の名称であって、きわめて自然な呼称といってよいだろう。この神の名は、竹内文書の元始神「元無称躰《モトフミクライヌシノ》 主王大御神」よりも、すなおなだけ、好感を抱く人が多いかもしれない。だが、竹内文書の元始神がその別命を「神随南《カンナガラナ》無天地人《ムアミン》」という、神道・仏教・キリスト教を習合させたような印象を与えるのに対して、九鬼文書の元始神の別名「太源輝道神祖」も、やはり道教的ニュアンスが濃いようだ。おそらく、いずれも後世の道教との習合後の名称であろう。その点、宮下文書の元始神「天之《アメノ》峰火男《ホホオ》神」などは、まさに火山信仰をズバリ表現した神名といってよい。

さて、九鬼文書にもどるが、モトツワタラセ以下「造化《ツクラシ》根起《ネオコシ》ノ八神」も、一応まずまずの呼称といえる。

だが、天津《アマツ》比《ヒ》登姿　造《トカタチツクラシネ》根神以下「天地造化ノ八神」や「天地万物動作造化ノ八神」にいたると、その名称が後世の命名であるかのように受けとられるものも少なくない。これは竹内文書にもいえることだが、後世の命名イコール後世の創作という印象を与えがちである。

にもかかわらず、私はそのような神々が存在したと思っている。つまり正しい名称が何らかの理由で失われたため、伝承の継承者がその神の機能や役割などから、それこそ知恵（？）を絞って命名したという場合も少なくないと考えるからである。したがって、神々を名称や用字からだけ判断して、後世に創作して神統譜に挿入したものと安易に断定するのは危険だと思う。神名といえばもう一つ。「天津《アマツ》」という接頭辞をつけた神々がときどき出てくる。しかも、その神が「国津《クニツ》」を冠した神とセットになって登場したりする。記紀神話の場合は、「天津神」は天孫民族の神々であり「国津神」は土着の原住民の神々だということが比較的はっきりしているからよいが、古史古伝の場合は、そのようにはスッキリ割り切れない。

この件について次の二つのケースが考えられる。つまり、私が『謎の竹内文書』や『謎の神代文字』で述べたように、『古事記』や『日本書紀』など体制側の史書に対する対抗意識から、継承者が筆写のさい、神々の名をもっともらしいものに書き替えたという場合。もう一つは、体制側の弾圧を免れるための偽装《カムフラージュ》として「天津」を冠したという場合である。

ただそのような状況のもとにあっても、元始神の名称に冠するかぎり、妥協や作為をしなかったのは、さすがである。

第二章

アメノミナカヌシ王朝の謎

アメノミナカヌシは地球開発委員長であった

顕世（生）の神アメツチヨロズミヒカリと幽界（死）の神アメツチヨロズヨミとの聖婚によって、地球人類の統治神（天津日嗣《アマツヒツギ》）である天御中柱《アメノミナカハシラ》　天地豊栄《アメツチトヨサカ》大神が誕生した。

この神は、その子――天御中主神《アメノミナカヌシ》に、天津日嗣を継承させ、自身は太尊天皇の位に退いたという。太尊天皇とは、後世の太上《だいじょう》天皇、つまり譲位後の天皇の尊称で、上皇《じょうこう》ともいう。

このアメノミナカヌシの即位によって、九鬼文書の時代区分でいう「第三期　修理固成ノ神皇時代」がはじまる。

「修理固成《オサメツクリカタメナシ》」とは、造化諸神の創《つく》った銀河系宇宙太陽系第三惑星である地球を、人類の居住により適した惑星として、それこそ修理固成するプロジェクト（大計画）のことである。そして、このプロジェクトの最高執行官がアメノミナカヌシだったわけである。アメノミナカヌシという神は、本来なら日本神話できわめて重要な神である。にもかかわらず、記紀神話ではたんに元始神としてその名だけをとどめているにすぎない。だが、そのとり扱いのあまりにも簡単すぎることが、かえって不自然さを感じさせる。そのため、近世の学者のなかには、たとえば富永仲基《とみながなかもと》（一七一五～四六）のように、この神を否定する人さえ出てきた。また反対に、平田《ひらた》篤胤《あつたね》（一七七六～一八四三）のように、この神を大々的にとりあげ、ユダヤ＝キリスト＝マホメット教の唯一神エホバを思わせる最高神として扱った学者もいた。現在でも、この神を

地球の「修理固成」プロジェクトのチーフが、アメノミナカヌシだった
（日下実男著『地球物語』より）

宇宙の主宰神としている神道系の民間宗教も少なくない。

一方、記紀とは別の系列の史書である古史古伝では、この神が人類文明の最初の王朝のスメラミコト（神皇・天皇）として颯爽と登場してくる（例、竹内文書）。

いずれにしても、この神の出現によって、神代史は大きなエポックを画することとなっている。それだけに記紀でさえも（「神代の万国史」抹殺の意図で編さんされた体制側史書でさえも）、この神の名を逸することだけはできなかったのであろう。

だが、私が九鬼文書の伝承におけるこの神に関心をもつのは、彼が父神アメノミナカハシラを後見役として、地球改造（修理固成）プロジェクトの執行官となったことである。父が裏面に引っこみ、子が表面に出るという親子連携プレーというパターンは、古代世界ではまま見られるケースである。

なお、このパターンによる地球改造計画といえば、光瀬龍氏の壮大な仏教ＳＦ『百億の昼と千億の夜』を想いおこされる読者もいるかもしれない。時空を越えてアトランティスにテレポートされ、その王国の宰相オリオナエに変身したギリシアの哲学者プラトンがかいま見たもの。

「新星雲紀。双太陽青九三より黄一七の夏。アススタータ五〇における惑星開発委員会は、《シ》の命を受け、アイ星域第三惑星にヘリオ・セス・ベータ型開発をこころみることになった……」

アイ星域第三惑星、つまり地球の開発責任者はアトラス七世だった。その父のポセイドニス五世は王位（天津日嗣）は子のアトラス七世に譲り、自らは太尊（太上）天皇にあたる地位にあって、《シ》の指令による地球のヘリオ・セス・ベータ型開発のプロジェクトの執行をバックアップしていたわけである。

アトラス七世とアメノミナカヌシ

ポセイドニス五世とアメノミナカハシラ

《シ》と天地万有造根神《アメツチヨロズツクラシネ》グループ

こうならべて見ると、実にみごとな対応となる。また、このポセイドニス（ポセイドン）がギリシア神話で海洋の神とされ、彼が治めた国がアトランティスであったこと。一方で日本神話の英雄であり、九鬼文書伝承では正統の天津日嗣の始祖でもあるスサノオノミコトがやはり海洋神であり、「海原《ウナバラ》を治《シ》らせ」とされていた。このことは、偶然の一致というには、あまりにも似ている。

九鬼文書にもどろう。

アメノミナカヌシが担当した地球の修理固成のプロジェクトは、元始神モトツワタラセの宇宙造化プログラムのなかでも、もっとも重要なサブ・プログラム（設計者アメツチヨロズツクラシネとそのグループ神）であった。それだけに、アメノミナカヌシの使命は重大だったはずである。

だが、そのプログラムの執行内容については、現在の九鬼文書には何も記されていない。おそらく、彼は、光瀬SFの「アトラス七世」のように《シ》の命令に過度に忠実たろうとして最後の詰《つめ》の段階で挫折したのではないだろうか。というのも、九鬼伝承から多くのものを学んだ出口王仁三郎の『霊界物語』におけるクニトコタチノミコト（記紀神話ではアメノミナカヌシと同定されている）の地球経綸《けいりん》が挫折し、隠退に追い込まれる過程が、その間の事情を私に示唆してくれるからである（第七章参照）。

越根中津《コシネナカツ》国の「天ノ神祭リ」とは

モトツワタラセの宇宙創造（「宇宙の卵」の爆発＝ビッグ・バン）の日から起算して、神紀七万三六二三年一〇月二一日、アメノミナカヌシは、はじめて天津日嗣の皇位に登り、天《アメ》の下、万世を治め、盛大な祭典を行なったという。その祭典については、九鬼文書に「天ノ神祭リ」として記されている。

「御神系略」の記述によると、アメノミナカヌシの都した「越根中津国《コシネナカツクニ》」には、数千の神々が参集したという。その神々のなかで、黒人根《クロヒトネ》国からきた迦毘羅飯命《カビライイノミコト》（釈迦の祖先）、白人根《シロヒトネ》国からきた野安押別《ノアオシワケ》命（イエス・キリストの祖先）は、それぞれ六個の宝玉を持参し、初代神皇（アメノミナカヌシ）に捧げたとある。この宝玉は「日嗣《ヒツギ》ノ玉」とも「三光《ミヒカリ》ノ玉」とも称されるようになったが、計一二個のうち、紫光四個、黄光四個、紅光四個であったといわれる。

二人のミコトによる宝玉の奉献が済んだとき、天艶姿玉杵姫《アメノアデスガタタマキヒメ》命が立ちあがり、

安米津美比加里《アマツミヒカリ》　止与左加閉満之《トヨサカヘマシ》
止古与乃久邇止《トコヨノクニト》　於左満里天《オサマリテ》
須米呂岐乃美知《スメロギノミチ》　止古之閉爾《トコシヘニ》
加和良之《カワラジ》

と唱い、優雅に舞ったという。これが「舞歌ノ始メ」であるが、この「天ノ神祭リ」は、三年間にわたって続けられたとある。まさに世紀の盛典というべきだろう。

この大々的な祭典は、一応アメノミナカヌシの登極《とうきょく》の祝典であったが、その名称が「天ノ神祭リ」とよばれていたのは、どういうわけなのだろうか。

それは、この神皇《スメラミコト》の即位でもって、前代アメノミナカハシラが着手した地球の「修理固成」つまり開発プログラムが、いよいよ本格的にスタートし、アメツチヨロズツクラシネ以来、いや、はるかにモトツワタラセ以来の天《アメ》の神々の壮大な経綸《けいりん》が、実現の第一歩を踏みだしたことを祝う祭典であったからであろう。

おそらくこの祭典に参加した数千の神々の多くは、地球各地の改造執行官だったであろう。彼らは、自分たちの担当プログラムの執行に自信をもち、よろこび勇んで出席したのであろう。また、この祝典のハイライトとして、黒人根・白人根国担当の二人の執行官（神）が、それぞれ六個の宝玉を捧げたとあるが、これは何の象徴《しるし》だろうか。それは、「日嗣《ヒツギ》の玉」とも称されているように、アメノミナカヌシ朝の高御座《タカミクラ》（神皇位）の永遠性のシンボルとされたものである。

私の思うには、六個というのは、彼らがそれぞれ統治していた地球の六地域を表わしている。そして、その玉の色が、「紫」「黄」「紅」の三色だったというのは、天津日嗣をうけつぐものに必須の価値基準、たとえば「真・善・美」とか、「天・地・人」の三才、あるいは「過去・現在・未来」の三世、さらには「立法・司法・行政」の三権を示しているのではないかと思う。

しかも、さらに重要なのは、この三つのシンボルを捧げた執行官が、黒人根・白人根という二大人種のそれぞれの担当者であったということだ。これは、黄人根《キヒトネ》王朝でもあったアメノミナカヌシに対する黒・白人（種）の全面的協力の誓約であったのかもしれない。

次に、来賓《ゲスト》として天の神々が多数参加したであろうことは、アメノアデスガタタマキヒメの「舞歌」からも想像される。そして、そのことは《シ》つまり地球開発委員会の期待の大きさを物語るものであろう。アメノアデスガタタマキヒメの唄い舞った歌詞からも推測できる。

さて、このような祭典が「三年続ケリ」というのだから、アメノミナカヌシとしても、ハッスルせざるをえないはずだ。したがって、その治世にはどうしても厳正といった面が出てくる。

当初は、「天の律法」にもとづいたその厳しい規則正しい政治《まつりごと》（神政）にしたがっていた人人も、寸毫《すんごう》といえども天則に違反するものは厳重に処罰するという神政に対して不満を訴えはじめた。すなわち八百万神々（群民）は「日増しに大神の御幽政に対する不服を訴えるようになり、山川草木にいたるまで言問《ことと》いあげつらう世となった」という出口王仁三郎の『霊界物語』の記述は、その間の実情を指摘しているように私には思われる。

だが、九鬼文書によれば、このアメノミナカヌシ朝は、一世二四代で一三世、つまり三一二代続いたとある。

五色人《イイロヒト》と万色人、黒人根《クロヒトネ》と白人根《シロヒトネ》

ここで、黒《クロ》・白人根《シロヒトネ》国について考えてみたい。いいかえれば、九鬼文書の人種観についてである。

まず古代人は、人間の肌の色がけっして単一でないことを知っていた。それは原始時代以来、気候の急激な変化や、地震・噴火・洪水などの地学的異変（災害）、あるいはそれらの異変にともなう生活＝社会環境の変化によって、現代の私たちにはちょっと考えられないような大移動をいくどとなく行なってきたことからの経験的な知識である。

たとえば、超古代以来の伝承を記したという竹内文書には「五色人《イイロヒト》」として黄人《キビト》・赤人《アカ》・青人《アオ》・黒人《クロ》・白人《シロ》というように、人間をその肌の色によって五つに分類している。

だが、九鬼文書には「五色人」という表現は見当たらず、その代りに「万色人」という語が出てくる。すなわち同文書の「天津皇神祇大中臣没落事記」に「万色人ノ国ヲ治ム可《べ》キ神道モ……」という部分である。

「万色人《ヨロズイロヒト》」の「万」とは「万国旗」の「万」であって、地球上すべての人々、あるいはいろいろな色の肌をした人々全体、という意味の用法である。つまり万色人の「万」は、五色人の「五」とはちがって、数字ではない。

一方、すでにふれてきたように「天地言文」のなかに、生命の主神である天津身光生命主《アマツミヒカリイノチヌシ》大神とならんで、天黒人根神《アメノクロヒトネ》・天白人根神《アメノシロヒトネ》がいて、それぞれ「黒人根国」「白人根国」の造化を担当したという記述があった。

ここから読者のなかには、あるいは「五色人」ならぬ「二色人《フタイロヒト》」が人類のはじまりか、と思う人もいるかもしれない。それともアメツチヨロズツクラシネ自身が「黄人《キヒト》」の祖神であったという記述とあわせて「三色人《ミイロヒト》」が本来であった。それが混血や突然変異などによって「五色人」となったと考える人もいるだろう。

また「黒」と「白」という表現は、「黄」を中心とみて、明・暗ないし濃・淡という色調《トーン》から生じたものと解される人もいるかもしれない。

さらには、黒人根神が白人根神よりも、神統譜で上位に記されていることに注目される人もいるだろう。

実は私も、はじめこの最後の点がもっとも重要だと考えた。すなわち、人間の肌の色自体は、色素の沈着の問題であり、その配列自体、気候・風土条件によってきまったものであって、いずれにしてもたいした問題ではない。だが、肌の色によって神界（神統譜）でのランクがきめられるとなれば大問題だからである。

そこで当初私は、三浦一郎が「天地言文」なり「神代系譜」を発表したとき、彼が何か意図的にこのような順位をきめたのではあるまいかとも考えた。つまり昭和一七年という時点（『九鬼文書の研究』発行年であり、世はあげて「米英殲滅」に狂奔していた）での政治的作為ではないかという見方である。しかし「御神略系図」の神統譜を見ると、その順位は別に三浦の作為などではないことがわかった。

すなわち、イザナギとイザナミとのあいだに生まれたとされる「三日大御子《ヨキオオミコ》」（記紀でいう「三貴子」に対応する）は次の順となっている。

天疎日《アマサカルヒ》向津《ムカツ》姫《ヒメ》尊（天照坐天皇）
月夜見《ツキヨミ》尊（月夜見天皇）
素戔嗚《スサノオ》尊（素戔嗚天皇）

そして、アマサカルヒムカツヒメは「全世界ノ棟領造化神」であり「天津日嗣黄人根国ノ祖神」であるアメツチヨロズツクラシネの直系とされている。

第二子のツキヨミの子の奈加登美《ナカトミ》命が「黒人根国中興ノ祖」とされている（その系統から仏

陀が出ている。後述)。

そして第三子のスサノオの子の佐男登美《サオトミ》命は、またの名を白人根命とよばれており「白人根国中興ノ祖である(この系統からモーゼやキリストが出ている。後述)。

にもかかわらず、この三人のスメラミコトは、ともに、出雲天皇とされている。そして九鬼文書ではスサノオが出雲王朝の正統とされているのだ。となれば、白人根のほうを黒人根よりも上位におくのがふつうではないかということになる。

そこで、私は次のような結論を下した。

人間発生の時点で、その肌の色は、黄色系だった。次にその生活地帯の風土への適応として、黒色系や白色系の区別が生じた。それが九鬼文書の、黄人——黒人——白人の順位に投影されたわけであり、人間そのものの優劣的順位とはまったく無関係である……という仮説だ。

ここで人間発生論になるわけだが、神々は自分たちの地球開発のプログラムを推進してゆく必要から、群生のなかからとくに人間を選んで必要な遺伝子工学的処理を行なった。神は己《おのれ》に似せて人を創ったわけである。神はその人間に地球開発プログラムをある段階で移譲したいと考えていたわけだ。その最初のモデルが、旧約聖書(創世記)ではアダムとイブであり、『霊界物語』では天足彦《アダルヒコ》と胞場姫《エバヒメ》という名が与えられている存在だった。彼らは宮下文書や旧約聖書が示唆するように中央アジアの一角——エデンの園——で基礎的トレーニングの期間を与えられていたわけである。

　おそらく、エデンの風土条件からして、彼らの皮膚の色は黄色系だった。それが、ある事情で楽園から出て、世界の各地に放散して以来、肌の色もその生活地域の風土条件によって黒色系なり白色系（さらには竹内文書の伝承によれば、青色系・赤色系なり）の人種が生じたわけである。

　したがって――くり返すが――人間の肌の色は、人種や民族の質的差違とはぜんぜん無関係である。ただ、九鬼文書伝承の地である熊野では、歴史時代に入って渡来（漂着）した人々のうち、白人系よりも黒人系が多かったという事実（例、裸形上人）が、あるいはその順位（黒人根を白人根よりも先におく）に作用しているのかもしれない。

コトアマツヒツギ五代は「異星人」だった

　地球の神々による開発時代、つまり「修理固成の神皇時代」を私はアメノミナカヌシ王朝とよんできた。「神代系譜」によれば、初世初代アメノミナカヌシから五世アメトコタチ（天常立尊）までを「別天津《コトアマツ》日嗣《ヒツギ》」とよんで、いわば別格化している。

『古事記』の場合も、九鬼文書のこの「神代系譜」と対応するように、アメノミナカヌシからアメトコタチまで、やはり「別天神《コトアマツカミ》」として別格化している。なぜ、この別格化がなされているのだろうか。その理由については、九鬼文書も『古事記』もともに沈黙している。

　ただ、九鬼文書でも『古事記』でも、このアメトコタチの次に出現した神の名がクニトコタ

天御中主王朝神統譜

(一) 天御中主天皇
　此神ヨリ皇位定マル
(二) 高皇産霊天皇
(三) 神皇産霊天皇
(四) 甘葦牙比彦地天皇
(五) 天常立天皇
(六) 国常立天皇（神祭儀礼ノ始）
(七) 豊雲野天皇
(八) 宇比知爾天皇
　須比知美皇后（日嗣皇后ノ始）
(九) 活杙天皇
　角杙皇后
(十) 面足天皇
　惶根皇后
(十一) 大戸道天皇
　大戸辺皇后
(十二) 伊弉諾天皇
　伊弉冉皇后 → 出雲天皇ニ続ク
　以上ヲ新皇十二世ト称ス。
伊弉諾三代天皇　白人根国『エヂプト』ニ降リ、
　後伊駄国ヲ造営成シ給フ。

チ（国常立尊）であることが示唆的である。

後世の解釈によると、アメ（天）は、神の尊厳を示す美称である（本居宣長）とかアメ（天《アマ》）は海《アマ》である（新井白石）ということになる。たしかに、そのような解釈が成り立つ場面も少なくない。だが、九鬼文書の場合は「別天津《コトアマツ》日嗣《ヒツギ》」の「天」に関するかぎり字義どおりにうけとってもよいのではないだろうか。すなわち「天」がついた多くの神々のなかでも「別《コト》」という字がつき、別格扱いにされているのは、その神々がいまだ「天」（地球以外の天体）と特殊なつながりをもっていたと、ある程度信じられていたからではあるまいか。

つまりE・V・デニケンら宇宙考古学者やアメリカのアポロ調査員ウエンデル・スチーブンス、さらにはラエリアン・ムーブメントの主宰者クロード・ボリロン・ラエルらのいう「異星人」であったことを古代人は知っていたのかもしれない。

すなわち、地球の修理固成プロジェクトは、ある段階まで、銀河系ないし太陽系の開発プロジェクトに従属していた。そして、そのプログラミングが、地球以外の天体に本部をおく、惑星開発委員会によって執行されていたのではないか、ということである。

『古事記』によれば、別天神《コトアマツカミ》からはるかに後の世代に属する神々、イザナギ・イザナミの時点においてすらも、地球は依然として「多陀用弊流国《タダヨヘルクニ》」であった。だが、私はこの状況を「大洪水」直後の地球の描写と見ることもできると考えている。いずれにしてもこの二神は「天の浮橋」から、まだ混沌とした地上を眺めていたわけだ。

この「天の浮橋」は、おそらく地球軌道上の大型宇宙船（衛星）だったであろう。つまり、惑星開発委員会（別天神）は、この種の人工衛星かあるいは大望遠鏡をそなえた月面観測基地であったか、はともかく、観測の結果、地球が地学的にも一応安定したと思われた段階で、開発チームの指令施設が地球上に設けられたのではないか？

その開発事業中央管制施設の所在地が、アメノミナカヌシが都とした「越根《コシネ》中津国」だったのであろう。彼の即位祝典をも兼ねた「天ノ神祭リ」もここで行なわれたものと考えられる。

さて、問題は、この「越根中津国」の所在である。その名称自体、竹内文書の「天越根《アメノコシネ》国」ときわめて似ている。だから、この二つの都市は同一のものと考えられる人も多いはずである。

ムー大陸（推定図）

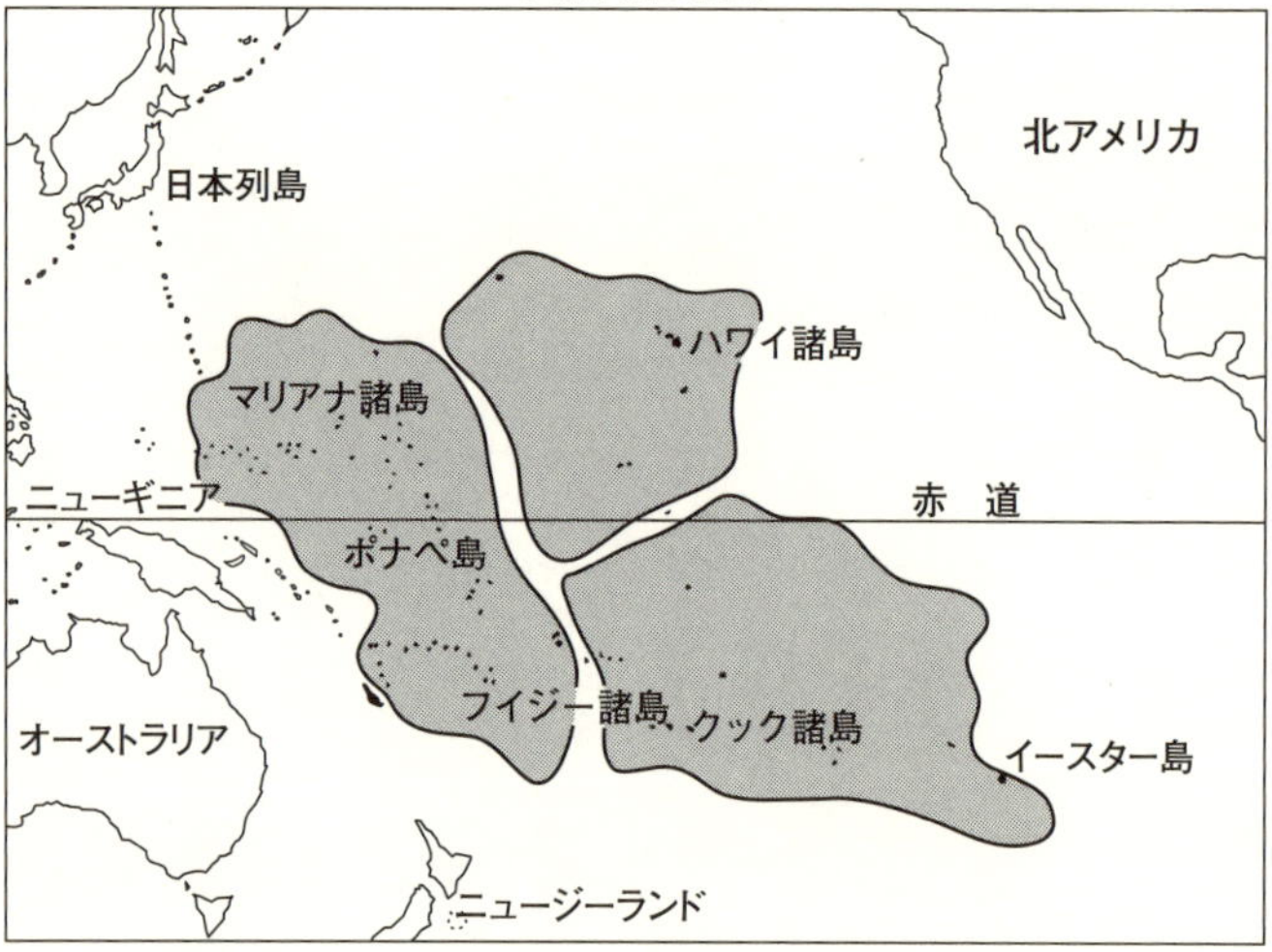

日本列島
北アメリカ
ハワイ諸島
マリアナ諸島
ニューギニア
赤　道
ポナペ島
オーストラリア
フィジー諸島
クック諸島
イースター島
ニュージーランド

もちろん、その可能性もなくはない。

だが「中津国」とは、複数の河川に挟まれたデルタ地帯（「メソポタミア」の名称も「中津国」の意味をもつ）であることは、かつて私が『謎のシルクロード』（徳間書店）で述べたとおりである。したがって、竹内文書の「天越根国」は、飛驒《ひだ》の高山から立山山系にかけての高原地帯にあったとすれば、それは「越根中津国」とはちがった都だということになる。

一方「越根国《コシネ》」を、地球外天体から飛来した人々による地球自体の名称だったと解することはできないだろうか。そして、その地球の「中津国」が、開発事業センターの所在地だったわけだ。

では、その「中津国」はどこだっただろうか。私は、この場合、それは四方を海に囲まれた大陸のことだったのではないかと考えている。具体的にいえば、プラトンの書き残したアトランティスであり、チャーチワードのいうムー、さらには竹内文書でいうミヨイ・タミアラである。

そもそもアトランティスが大西洋にあった沈没した大陸というイメージは、ギリシア的すぎる。いいかえれば、大洋（海原）といえば彼らには大西洋のイメージしか浮かばなかったため、アトランティスを大西洋にあったと考えたのではあるまいか。私は、アトランティスは太平洋にあったものと考えるほうがより合理的だと考えている。その根拠は、竹内文書のミヨイ・タミアラの伝承や、チャーチワードのムー大陸説以外にも、ルイス・スペンスのレムリア大陸説など、失われた大陸の伝承が、大西洋よりも、より多いことである。

もし、現代の地質学からみて、ムー大陸が存在しなかったとしても、いわゆるムー大陸があったと考えられている海域に、沈んだ比較的大きな島があったとしたらどうだろう（その可能性までも地質学は否定しない）。『古事記』でいう「おのころ島」がそれである。その島に地球開発プロジェクト・チームの管制施設があったわけである。そして、その島は、アメノミナカヌシ王朝の地球改造計画の挫折とともに海中に没したのではなかったか。その後に島ならぬ本物の大陸に設けられた基地に登場するのが、クニトコタチだったのではなかったか。ちなみにクニトコタチの指導した超古代の万国の王城ともいうべき「地の高天原」の所在を、出口王仁三郎は現在のトルコの一部（小アジア）にあったとしている。

アメノミナカヌシ王朝の最大の謎

九鬼文書の「御神系略」では、初世アメノミナカヌシから一二世イザナギ・イザナミまでを「神皇十二世ト称ス」。すなわち、

一　世　アメノミナカヌシ（天御中主天皇）
二　世　タカミムスビ（高皇産霊天皇）
三　世　カムミムスビ（神皇産霊天皇）

四　世　ウマシアシカビヒコジ（甘葦牙比彦地天皇）
五　世　アメトコタチ（天常立天皇）
六　世　クニトコタチ（国常立天皇）
七　世　トヨクモノ（豊雲野天皇）
八　世　ウヒチジ（宇比知爾天皇）
　　　　スヒチミ（須比知美皇后）
九　世　イクグイ（活杙天皇）
　　　　ツノグイ（角杙皇后）
十　世　オモダル（面足天皇）
　　　　アヤカシコネ（惶根皇后）
十一世　オオトノジ（大戸道天皇）
　　　　オオトノベ（大戸辺皇后）
十二世　イザナギ（伊弉諾天皇）
　　　　イザナミ（伊弉冉皇后）

以上である。これらの天皇・皇后のなかで、六世クニトコタチの項に「神祭儀礼ノ始」、また八世ウヒチジ天皇スヒチミ皇后の項に「日嗣皇后ノ始」とそれぞれ「注」がある。

さて、この神皇時代は「神代系譜」によれば一世一二代であるから、計一四四代の神皇（天皇）の統治時代であり、その間二万余年とされている。

もちろん、この「二万余年」という数字も絶対値ではなく、やはりロング・ロング・アゴーとか、ワンス・アポンナ・タイム（むかし、むかし）という意味の表現と解すべきかもしれない。

だが私は、ここで、これまで紹介してきたこの種の「数字」（各時代の長さを示す数字）を、いわゆる絶対年代ではなく、一つの比率として見ることができるのではないかと考えてみた。

すなわち、まず元始神モトツワタラセから二三世アマツミヒカリにいたる、いわゆる「造化準備作用時代」の二万三〇〇〇年という数字がある。

次に、アマツミヒカリからアメノミナカヌシの即位にいたる、いわゆる「造化時代」の五万余年という数字が出てくる。

そして、ここにアメノミナカヌシからイザナギ・イザナミにいたる、いわゆる「修理固成ノ神皇時代」としての二万余年という数字が示された。

この三つの数字をならべてみると、次のような比率となる。

23,000：50,000＝20,000＝23：50：20

一方、最新の科学的宇宙論の「宇宙進化論」でいえば、次のような数字が出されている。

まず宇宙の創成、つまり「大爆発《ビッグ・バン》」がおこったのは、だいたい二〇〇億年まえ。

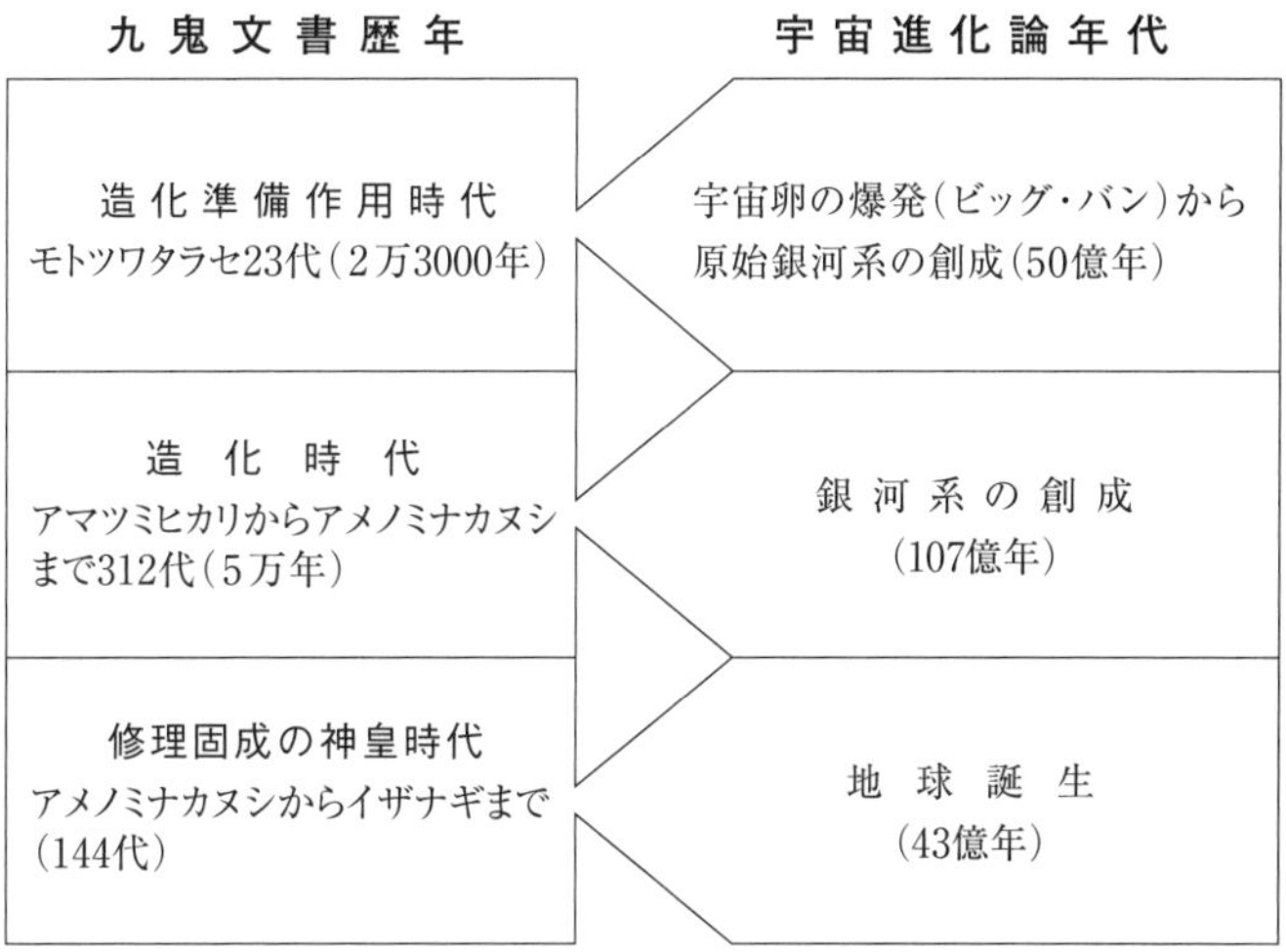

2.3万：5万：2万　　　50億：107億：43億

次に、原始銀河系が成立するまでに、だいたい五〇億年かかったと見られる。

さらに、その原始銀河系が現在の銀河系に進化するまでに、だいたい一〇七億年。

最後に、地球の誕生が約四三億年まえ。

そして、これらの数字をならべれば、

50億：107億：43億＝50：107：43

この比率は、前掲九鬼文書の各時代の比率

23：50：20とほぼ等しい。

ということは、九鬼文書の「天地言文」や「神代系譜」が掲げた数字（年代）は、現代科学の先端をゆく「宇宙進化論」が示す数字と、その「比率」においてほぼ重なる。私はこれまで、九鬼文書の数字を、たんに形容詞としてとらえてきたが、それは比率を示すものとも解されるのである。

この比率であるが、これをたんなる偶然と見るか、それとも古代人のすぐれた宇宙論的洞察と見るか。私個人としては、この比率を、すでに忘却の彼方に埋没した超古代科学のエッセンスの一部が、九鬼文書にかろうじて残されていたものと見たい。

ただし、この比率を中心に考えると、アメノミナカヌシは地球創成の神となるだけでなく、その王朝の各世・各代の支配者（神皇）の寿命は、それこそ竹内文書的な――天文学的ないし地質学的年代に匹敵する超寿命となる。せいぜい数百年の長寿とされるメトセラ伝説どころではない。非現実的である。

ということは、このアメノミナカヌシからイザナギまでの一二世一四四代は、銀河系創成から地球誕生（修理固成終了）までのあいだに一二四の大変化、一四四四の変動があったという意味か。つまり、宇宙や地球はこのアメノミナカヌシ時代を、それこそ天文学的年代にわたって、何度もくり返してきたと考えるか、であろう。竹内文書でいう「万国土《ドロ》ノ海トナル」ような大変動が何度もこのぼう大な時間の流れのなかで生起したということである。

人類の誕生は、もっとも最新のアメノミナカヌシ王朝のことであろう。だが、その誕生した人類も、やはり「万国土トナル」大異変によって、いくどとなくゼロに近くまで減少したり、また形質的な変化をつみ重ねてきたものと考えられる。

その間の中絶、消滅した人類史こそ、アメノミナカヌシ王朝の最大の謎ということになる。

鬼人の反乱がイザナミの「天ノ岩戸」秘儀を行なわせた

神紀（モトツワタラセ紀元）九万三一三七年、つまり皇紀（アメノミナカヌシ紀元）二万六四年、アメノミナカヌシ王朝第一四四代イザナギ神皇の一二八年五月一〇日、一つの大きな「典儀」が行なわれた。

それは初世初代アメノミナカヌシ以来の地球の「修理固成」のプログラムがほぼ終わり、万国の文化は大いに進んだが、やがて神々の予期しなかった危機が訪れたからである。

その危機とは、人間社会の発展や人口の増大にともない、

「鬼人ノ増殖漸《ヨウヤ》ク繁《シゲ》ク　生存ノ競争亦《マタ》劇《ハゲ》シク　為ニ全世界ノ事物悉《コトゴト》ク暗黒化セリ」

という事態が生じたことである。

鬼人とは、右の「天地言文」から判断して、攻撃性と権力志向が、ふつうの人間のレベルより、はるかに上回っていたミュータントだろう。

もともと人間には、そのような性向も、遺伝子のなかに組み込まれていたことは、創世期のアダムとイブの物語が示すとおりである。なぜならそういう性向自体、人間を向上させる要因の一つであると創造者は考えていたからだ。つまり、それが社会の、文明の推進力ともなるか

らこそ、神々が人間の遺伝子の配列を設計したさい、あえて、このような性向も遺伝子に組み込んだのであろう。たしかに、攻撃性や権力志向性は、性衝動とともに、人間の本能としてそれぞれ重要な役割を果たしていることは否定できない。

未知なるものに挑む人間のパイオニア・スピリットなどというものは、この攻撃性や権力志向性をとり除いたなら、それこそ気の抜けたビールみたいなものになる。セックスについても同様だ。完全に性衝動を除去された人間や文化などという存在は考えられない。

つまり、このような性向のなかには、あきらかに人間の社会に対して、溌剌《はつらつ》とした刺激をもたらす要素が多分に含まれているのだ。むしろ、人間性からそのような要素を除いてしまったら、その社会はきわめて脆弱なものとなり、長期間持続できないであろう。いいかえれば、犯罪のない社会とは人間のいない社会ということにもなる。

だが、犯罪にもいろいろあり、人間の社会（文化・文明）を根底からくつがえすような危険なものもある。

それだけに、当初のプログラマーであったアマツミヒカリイノチヌシにしても、遺伝子配列の設計の段階で、だいぶ苦慮したものと思われる。おそらく彼としては、人間のそのような性向に対する制御因子として「良心」を組み込むことによって、そのような性向があるレベル以上に達すれば、それを自動的に抑制（いわゆる自制）するように配慮したのであろう。

だが、多くの開拓者にとって、パイオニア・スピリットが不可欠であるように、地球の開拓者にとってもそうである。そこで、設計者としては、攻撃性と良心（制御因子）のバランスに多少手心を加えたはずである。

その結果、人間（アダムとイブの子孫）は地球の開発に成功したかに見えた。だが、人口の増加にともない、このような性向を、より強くもった人間（鬼人）も次第に増加し、そのため、良心派は次第に圧倒されてきた。そうなれば、良心派のなかにも組み込まれているその攻撃性や権力志向性が、自衛のために機能し出す……。その結果として、生存競争がますます激烈となり、ついに社会の無秩序状態《アノミー》——暗黒化ということになったわけである。

そこで、イザナギ・イザナミの二人は、

「大イニ是《コ》レヲ憂ヒ給ヒ　幾多ノ神々ニ令スルモ治スルコト能《アタ》ハズ」

という現実に直面した。二人は相談して、

「祖宗（祖先）天照日大神（アマツミヒカリの別称）ニ祈リ給ヒ　暗黒ノ世ヲ治ム可《べ》キ良キ御子ヲ授ケ給ヘト乞《コ》ヒ奉リヌ」

ということになった。

自分たちの担当した「修理固成」プログラムの修正がすでに限界に達したことから、何か新しい要素を入力《インプット》すること以外に「暗黒ノ世」を突破することはできないという結論に到達したわけだ。そして、二人が考えた入力すべき新しい要素とは、自分たち以上のパワーをもった新しい執行官の導入ということである。

そのためにイザナミは「天ノ岩戸《アマイワド》」に入り、そこで「神憑《カミガカ》リ給ヒ」、三人の子（三日大御子《ヨキミコ》）を「生ミ成シ給フ」。その三人とは、前述したように、

天疎日向津姫尊《アマサカルヒムカツヒメ》
月夜見尊《ツキヨミ》
素戔嗚尊《スサノオ》

である。

このイザナミの天ノ岩戸内の神憑りこそ、地球進化プログラムの失敗を基本から修正するための「秘儀」であった。イザナミは、この三人の新指導者を世に出したあと、自身は幽界に去った。

なお、念のために説明すれば、「天ノ岩戸」とは、岩窟や洞窟のことではない。それは地球の大地母神だけが、ある目的を達成しようとするときにだけ、立ち入りできる禁断のカプセル

である。ある目的とは、よりすぐれた後継者の出生であるが、それは立ち入った神の自己否定を代償とすることによって遂行される。つまり天ノ岩戸とは、一文明において一度だけ使用される神聖な「子宮」なのだ。イザナミは、この子宮を用いることによって、現世におけるその存在を失わねばならなかったのである。

イザナミの死は一つの文明の滅亡を意味する

イザナミの死の意味について、もう少し考えてみたい。

まず彼女は、三人の後継者出生の代償として死んだ（現世から幽界に移った）。これは、人類初代王朝であるアメノミナカヌシ以後六世、クニトコタチ以後六世、計一二世にわたる神皇の地球開発計画の完全な挫折であり、同時にまた、新しい王朝による新しい文明形成への胎動でもあった。

一方、記紀の神話によれば、イザナミの死はカグツチ（火神）を出産したさい、美蕃登《ミホト》（性器）に火傷をおったのが原因とある。女神の死を悲しんだイザナギは、いかりにまかせてカグツチを両断し、さらにイザナミを連れもどすべく黄泉《よみ》の国（幽界）まで行ったが、結局失敗した。ほうほうのていで地上にもどったイザナギは、黄泉《よみ》（死）のけがれを禊《みそぎ》して祓い、多くの神々を生んだ。そのなかで左目を洗ったときに生まれた天照大御神、右目を洗ったときに生まれた月読命、そして鼻を洗ったときに生まれた建速須佐之男命が「三貴子」とされている。

この「三貴子」が九鬼文書の「三日大御子」と同じだと考えられる。そして、記紀によれば、この三貴子はイザナミの死後——つまりイザナミでない別の配偶神の子と解される（男性のイザナギが子を生めるはずはないから）。

ところが、ふしぎにもイザナミとは無関係のはずのスサノオは、父のイザナギから「海原を治《し》らせ」つまり海洋ならびに海外植民地を統治せよといわれたとき、「僕《あ》は妣《はは》の国、根《ね》の堅州《かたす》国に罷《まか》らんと欲《おも》う」といって、イザナギの命令を拒否し、山野が枯れるほど号泣したという。どうみても、『古事記』のこのくだりはおかしい。自分の生前にすでに亡くなった母（「母」ということ自体矛盾だが）に会いたいといって、駄々《だだ》をこねたというのだから。

そこで、納得のいく解釈は一つある。それは、やはり九鬼文書の伝承のように、「三貴子」（三日大御子）ともイザナミが生んだということである。イザナミは、この三人の後継者を生んだあと「天ノ岩戸」の秘儀によって幽界へ去ったということである。それならばスサノオが、自分の生誕の代償として幽界に去った母のイザナミを慕って号泣したということはよくわかる。

ただ、『古事記』で注目すべきことは、イザナミの死因をカグツチの誕生と関連づけている点である。つまり火神の出産のさいに負った火傷が原因で死亡したという記述である。

では、この火神（カグツチ）とは何か？　人間が「火」を求めて大きな犠牲を払うという主題は、世界の各地の神話にまま見うけられることであるが、この火というのは物質的科学（技術）の象徴であろう。

私は、この『古事記』でいう火神（カグツチ）こそ、人間にとっての「第二の火」ともいうべき「原子力」だったのではあるまいかと考えている。

つまりイザナミは、アメノミナカヌシ王朝最後の女后として、愛する三人の後継者のために核エネルギーの禁を解いてやった。それは愛する後継者が、新文明を開発するための一助として、という善意からのものだったにちがいない。

だが、イザナギは、そのエネルギーの効果をむしろおそれた。それがカグツチの頸《くび》を斬ったということである。

しかし、いったん禁を解かれた核エネルギーは、イザナギの対策を尻目に独走し出した。カグツチを斬った血から石拆《イワサク》神・根拆《ネサク》神・石筒之男《イワツツノオ》神、さらに甕速日《ミカハヤヒ》神・樋速日《ヒハヤヒ》神・建《タケ》御雷之《ミカズチノ》神・闇淤加美《クラオカミ》神・闇御津羽《クラミツハ》神などが生まれたとあるが、いずれも武器や戦争に関連の深い神々である。

イザナギが核エネルギーを抑え込もうとしても、それは不可能だったということになる。つまり、核解禁は、三貴子によって使用されるに先立って、鬼人グループがそのノウハウを入手してしまったということである。

もちろん、なかには建御雷之神のように叛乱抑圧側に組した勢力もあっただろうが、多くは大規模な叛乱をおこし、アメノミナカヌシ文明をいっきょに崩壊させてしまう側に核戦力は利用された。そして、その惨たんたる叛乱のなかでイザナギは、ぼうぜんと立ちすくんでしまったというところだろう。

出雲王朝は核の廃墟の中から生まれた！

　超古代における核戦争についての記録は、インドの古典『マハーバーラタ』に、きわめて写実的《リアル》に描かれている。

　『ラーマーヤナ』とならんでインドの二大叙事詩の一つとされる、この一八巻二二万行の大河詩の主題は、戦神インドラの生まれ変わりであるアルジュナと風神ヴァーユの生まれ変わりのビーマの二人を中心とする五人兄弟と、彼らの伯父であり大悪魔カリー神の生まれ変わりとされるパーンダヴァの五人の息子たちとの対立――インドを二分する大戦争である。

　この戦争（クルクシエトラ平原の決戦）には、核兵器が使用されたとしか考えられない描写が出てくる。

「そのとき、英雄アスワタマンは自らヴィマ（空中飛翔戦車）に断固とどまり、水面に降りたって、神々すら抵抗しがたいアグネアの武器を発射した。神殿修道騎士団長の息子は、すべての敵に狙いをつけ、煙をともなわぬ火を放つ、きらきら輝く光の武器を四方にあびせかけた」

「矢の雨が空に放たれた。その矢の束は、輝く流れ星のように落下し、光となって敵をつつんだ。突然、濃い闇がパンダヴァの軍勢をおおった……」

インド・デカン高原は超太古の核の廃墟である

「太陽がゆれ動く。宇宙は焼け焦《こ》げ、異常な熱を発している。象たちはあの武器のエネルギーに焼かれ、炎から逃れ出るべく、恐怖にあえぎながら駆けまわった。水は蒸発し、その中に住む生きものも焼けてしまった。

あらゆる角度から燃える矢の雨が、激しい風とともに降りそそぐ。雷よりも激烈に爆発したこの武器に、敵の戦士たちは猛火に焼かれた木々のように倒れた。……」（橋川卓也氏の訳による）。

なお、この古代における核戦争の存在については、D・W・ダヴェンポートとE・ヴィンセントの研究を橋川卓也氏がまとめられた『人類は核戦争で一度滅んだ』（学研）が、もっとも説得的である。これまでE・V・デニケンやリチャード・ムーニィ、アンドルー・

トマスらが、断片的に伝えてくれた『マハーバーラタ』や『リグ・ヴェーダ』などの文献的証拠だけでなく、世界の各地に残る高温による砂のガラス化した地域や焼土層などの物理的証拠などもわかりやすく整理されている。

大地母神の原型ともされるイザナミの死は、アメノミナカヌシ王朝が核戦争によって滅亡することの予兆でもあった。この戦争——地球的規模での「鬼人」の叛乱は、彼女の晩年にも、すでに抑えることができない状況となっていたのである。

イザナギ・イザナミは、自分たちの王朝の没落自体は不可避としても、鬼人の叛乱を最少期間で制圧することによって、叛乱がもたらす暗黒の無秩序状態《アノミー》を一日も早く解消したいと考えた。そのために新指導者《ニューリーダーズ》を創り出し、その新政権に解決をゆだねるしかないと考えたのだ。そして、その新政権が一日も早く叛乱を解決するために、イザナミは核エネルギーの禁を解いたわけである。『マハーバーラタ』の叙述によれば、そのもくろみは一応成功し、悪神側に効果的打撃を与えた。

だが、イザナミのその行為は、やはりイザナギが危惧したとおりアダになった。その核兵器は、鬼人集団（叛乱軍）にもわたり、両軍とも壊滅的な打撃を蒙ることとなった。イザナギがイザナミのあとを追って黄泉の国へ下ったということは、彼もまた、彼女のあとを追って死んだ——核爆発での戦死か、あるいは叛乱軍による処刑か——ということである。

にもかかわらず、イザナギは黄泉の国から逃走したという。その逃走の過程で、黄泉の醜女《シコメ》軍団の追撃を受け、黄泉津比良坂《ヨモツヒラサカ》の戦いでどうにかそれをふり切ったことになっている。出口王仁三郎の『霊界物語』では、この黄泉津比良坂《ヨモツヒラサカ》の決戦が、地球の運命を決する戦いだったとされている。そして、その結果、黄泉島《ヨモツシマ》（ムー大陸？）は海底に沈んだというのである。

この黄泉島（太平洋中の大島）の海没でもって「修理固成ノ神皇時代」が終わり、三貴子のひとりアマサカルヒムカツヒメの即位によって、「第四期　万国統治ノ神皇時代」がはじまるわけだ。

「神史略」によれば、この三貴子（三日大御子）は、アマサカルヒムカツヒメ（天照《アマテラス》坐《ニイマス》天《スメラ》皇《ミコト》）、ツキヨミノミコト（月夜見天皇）、スサノオノミコト（素戔嗚天皇）の順に皇位についており、この三代を「出雲天皇ト称ス」とある。

新しい出雲文明の開幕である。

第三章

出雲王朝は人類の黄金時代《ゴールデン・エイジ》だった

なぜ、スサノオ長子説は抹殺されたのか

九鬼文書は、アマサカルヒムカツヒメの即位のさい、神々が三度にわたる鬨《とき》の声をあげたと伝えている。そして、

「大御女《オオミコ》　天疎日向津姫尊《アマサカルヒムカツヒメ》　皇位ニ登リ給ヒ明ルキ御世《ミヨ》ト成シ給ヒ……」

と記し、さらにこれが「世界女皇ノ創《ハジメ》也」と注している。

そこまではよいが、続いて、

「三神（三貴子）代変リニ皇位ニ就カセ給フ」

というのが問題だろう。

この三神の「代変リ」の即位の経過について、残念ながら九鬼文書は何も記していない。おそらく筆にとどめたくない政治的な事情がそこに介在していたのではないかと推測されるだけである。

私は、この推測とは別に、この三貴子の順序が問題ではないかと考えている。つまり、この

三貴子はふつう長女アマサカルヒムカツヒメ、次男ツキヨミノミコト、三男スサノオノミコトと考えられているが、はたしてアマサカルヒムカツが長女で、スサノオが末子だったのだろうか？

というのも、記紀神話や九鬼文書伝承における三貴子の序列からいえば、たとえこの三人が交互に即位したとしても、それがなぜ、アマテラス王朝なりツキヨミ王朝という名称ではなく、スサノオ王朝＝出雲王朝と称されたのか、その理由がわからない。

また「出雲天皇」という表現の初出は、この部分であるから、この三人の天皇の親にあたるイザナギ・イザナミが出雲系というわけでもない。

そこで、もしスサノオが長子であったらどうだろうか。スサノオ王朝が正統であり、出雲王朝なり出雲天皇という称もムリなく納得できる。

スサノオが鼻《はな》を洗ったときに生まれたという伝承を思い起こしてほしい。ハナとは日本語でトップのことである。ハナに生まれた、とはつまり最初に生まれたということである。したがって、イザナギ・イザナミ王朝のあとを継ぐべき王朝はスサノオ王朝（天皇＝複数）となるにもかかわらずスサノオは、高天原ではなく、海原（海外属領）を統治せよといわれた。そのことを不満に思ってスサノオは号泣して？　抵抗した。それだけでなく、イザナギに真意を確かめるといい出したわけである。そこでイザナギは勝手にせよといった。

なぜイザナギがスサノオを高天原の統治者としなかったのか？　それはスサノオの資性の卓

抜さがイザナギ（というよりも、イザナギに代表される天神たち）の嫉視を買ったか、それともアマテラスのほうがリモート・コントロールが容易であるという判断にもとづいた決定だったのではあるまいか。

そこでスサノオは、まず高天原に向かった。そこの支配者となっているアマサカルヒムカツと対決するためである。

その対決の模様は記紀神話にあるようなぐあいで、アマサカルヒムカツは高天原に総動員をかけ、スサノオの進行を待っていた。両神は天安河《アメノヤスノカワ》を挟んで対峙《たいじ》した。そして「誓約」がなされ、スサノオの「勝さび」という結果になった。つまりスサノオの勝利である。

記紀神話では、この勝利に驕《おご》ったスサノオが乱暴を働き、それに怒ったアマテラスが「天の岩戸」にこもったということになっている。

だが、アマテラス、つまりアマサカルヒムカツの天の岩戸ごもりは、敗北の結果の当然の隠退であって、スサノオの乱暴云々は問題にならない。アマテラスはスサノオの正統性を認めただけである。

それに対して、アマテラスを戴くことによって甘い汁を吸っていた高天原の幹部の神々が、いままでのように甘い汁を吸えなくなって不平不満をもち、スサノオ追放のため、いろいろ画策したわけだろう。とにかくアマテラス系の記紀神話であるからスサノオを貶《けな》すことに全力を注いだことは十分にありうることだ。

彼らはスサノオにかくれて、反革命運動を計画し、スサノオ追放――アマテラス復辟《ふくへき》を望んだ……。これが記紀でいう「天の岩戸」開きの真相ではなかったか。九鬼文書の筆者（筆写者を含め）が、筆にとどめたくない政治的な事情とは、おそらくこのことであろう。

この、スサノオ長子説の抹殺が、出雲王朝の謎を生んだといえる。

出雲三天皇に秘められた謎

九鬼文書にもどる。文書はスサノオ天皇の代に重大な問題がおこったことを伝えている。その問題とは、スサノオの治世に社会不穏となった、つまり「騒シキ世」となったことである。

そのため、スサノオの皇后《きさき》は、イザナミの例にしたがって「岩殿ニ入リ神憑リ給フ」こととなった。高天原の神々もまた、岩殿のまえに集まって、

「常黒世照治坐大日御子出現給神結誓曰《トコヤミノヨヲテラシマスオオヒノミコアレマシタマエアナエニシヘ》」

と祈ったという。

ただし、九鬼文書には、肝心のこの皇后の名が記されていない。私は、この岩殿（岩戸）にこもったスサノオの皇后は、おそらくアマサカルヒムカツヒメ、つまり天照坐天皇《アマテラスニイマススメラミコト》だったのではないかと思っている。

これは、天安河畔の誓約《うけひ》が二人の聖婚を意味するものであること、また「天の岩戸」にこもったのもこのアマサカルヒムカツヒメであったとされていることからの神話学的類推である。

また、このスサノオの皇后が岩殿にこもって、次期後継者を生むとき、「天地言文」によれば、ツキヨミノミコトが群神を指揮して、彼女の出産を護ったとある。これは、スサノオの後継者選びにツキヨミの意向が大きく働いたことを示す。

これはいったいどういうわけなのだろうか。ツキヨミ自身も一度は即位した神である（順序はアマサカルヒムカツの次であった）。ツキヨミの即位と退位について、九鬼文書は沈黙したままである。

もともとアマサカルヒムカツの次にスサノオというなら話はわかる。だが、この二人の中間にツキヨミが入ってきたのはどういうわけか。これも出雲王朝の謎である。

この出雲三天皇は、集団指導だったのか、それともまた、体制内権力闘争の結果か？

私は、くり返すが、三貴子のうち、やはりスサノオが本命であったと考えている。それは彼のイザナミに対する思慕の深さである。それは確かに、彼の後継者としての正統性の反映と見ることもできるが、同時に、前節で少し述べたようにスサノオが長子であったという仮定によるものだ。

にもかかわらず、アマサカルヒムカツヒメが彼をさしおいて即位した。スサノオは高天原に赴いて、自分が正統の皇位の継承者である旨を強力にアピールした。そして両者の対決の結果、

出雲王朝神統譜

㈠ 天照坐天皇　亦名天疎日向津姫尊
㈡ 月夜見天皇
㈢ 素戔鳴天皇　以上ヲ出雲三代天皇ト称ス

㈠ 天照大日孁天皇（素戔鳴天皇ノ皇女ナリ）
　皇祖一光ト称シ、十八代続ク。
㈡ 天忍穂見天皇
　素戔鳴天皇ノ皇子、高千穂天皇ノ始祖。
㈢ 大国主天皇（素戔鳴尊御孫ナリ。白人根命第一皇子）
　出雲天皇ト称シ、八代続ク。

月夜見天皇
　天日那太身命　南海国ニ到ル。
　天那可登美命　黒人根国中興ノ祖。
建速素戔鳴天皇……天佐登身命……白人根国中興ノ祖。
天那可登美命……迦毘羅飯命……　悉達留多『釈迦』。
天佐登美命……野安押別命……母宇世《モウゼ》……伊恵斯《イエス》
建速素戔鳴天皇　檀君ト称シ、朝鮮春川ニ降り、檀
　国ヲ造営成シ給フ。

天安河の誓約となって彼の主張はとおった。スサノオはうちょうてんになった。そのスキに皇位を奪ったのがツキヨミであった……。そこでスサノオはアマサカルヒムカツと同盟して、ツキヨミを追い落とすのに成功した。

　この高天原の連続的な宮廷クーデタの結果、スサノオは一応ライバルをけ落として最後の勝利を占めたかに見えた。だが、気性のはげしいスサノオには体制内の敵が本人が考える以上に多かったのではあるまいか。陽性のスサノオの理想主義も諸神の陰険な策動でうまく機能せず、彼は引責辞職に追い込まれていった。そして、このスサノオ追放に一役買ったのがツキヨミだったのではないかとも考えられる。

　だが、もう一つ——ツキヨミはスサノオと同一神だったという説がある。これは平田篤

胤が唱えたものだが、近代では戦前、出口王仁三郎がその説を踏襲している。たしかにツキヨミは記紀神話ではカゲが薄い。おそらくそれはスサノオの一面でしかなかったという可能性は多分にある。もともとツキ（月＝太陰）はスサノオの属性の一つだったのだ。月＝太陰信仰は日＝太陽信仰に先行する。つまりアマサカルヒムカツに先行するもの＝スサノオ、という論理である。

とすれば、アマサカルヒムカツの岩殿入りのさい、スサノオがそのカプセルのまえで祈っていたということは、わからないでもない。

そして、いよいよスサノオの後継者「天下照坐大《アメノシタテラシマスオオ》日《ヒ》御《ミ》子《コ》」すなわち「天照日嗣身光天《アマテラスヒツギノミヒカリノスメラ》皇《ミコト》」またの名を「天照皇大神」（天照大日孁尊《アマテラスオオヒルメノミコト》）の登場となる。「天地言文」によれば、この天皇（女帝）は「素戔嗚天《スサノオノスメラミコト》皇ノ皇女《ヒメミコ》ナリ」とある。したがって、スサノオの退位（追放）とは無関係に「万国統治神皇時代」の皇統は、やはり出雲（スサノオ）系ということになる。

だが日本の正史は、かつてスサノオと争い、のちスサノオと結婚したアマサカルヒムカツヒメと、二人のあいだに生まれたアマテラスオオヒルメとを同一人とした（つまり二人の結婚の事実を抹殺した）。次にスサノオとアマサカルヒムカツとのあいだの一時的な対立関係を強調し、スサノオ隠退＝追放の事実をもって、スサノオ（出雲）系王朝の異端化――抹殺化を方向づけるのに成功した。つまり、出雲王朝を盗んだのが記紀神話なのである。

スサノオ＝出雲王朝の文明原理とは何か

出雲王朝は「万国統治」の王朝だったとされている。その統治の具体的内容については、九鬼文書は断片的にしか記していない。おそらく竹内文書の「上古二十五代」と似たような統治が行なわれていたのではないか。

端的にいえば、「天浮船《アメノウキフネ》」（天鳥船）の威力を背景に、世界を一二の地域に分け、各地域に「民王《ミツトソン》」を置いて統治させるという、かつての大英帝国がカナダ、ニュージーランド、オーストラリアなどに採用した自治領形式をとっていたものと考えられる。スメラミコトは、定期的に天浮船団でもって各地域を歴訪し、歓迎を受ける……というぐあいである。この世界の一二地域ということは、前章で述べた「天ノ神祭リ」のさい、黒人根・白人根命から奉献された一二の宝玉が、それぞれ各地域の「国魂《クニタマ》」のシンボルであったことからの推定である。

そして、地球の統一政庁の所在地――越根中津国――は「地の高天原」とよばれ、小アジアにあった。その地は湖をひかえた高原であり、宏大な行政府と、地球の環境保全と気象制御施設があった。

また、神々のなかには天教山（富士山）麓や地教山（ヒマラヤ山系）に住んだり、地底王国に住むことも行なわれた。だが、その文明形態は、物質科学よりも精神科学的なもので、いわゆる近代的な意味での技術は必要最低限に抑制されていた。つまり、統治上必要な通信・運輸

出雲王朝は「天浮船」を使って万国統治を行なった（珍敷塚古墳彩色壁画）

手段と、医学関係というところか。

というのも、もともとスサノオノミコトはいわゆるもっとも自然的な産業といわれる農業に対してさえも、自然破壊・環境破壊の第一歩として警戒的であったと思われるからである。

スサノオが高天原の支配権をアマサカルヒムカツから移譲させたとき、まっさきに行なったのは、高天原の農業施設の破壊であった。これは集約的穀物農業が、地力の搾取だけでなく、やがて人口の増大、奴隷制……による人力の搾取にいたることを予見していたからであろう。

また、高天原を追放され、漂泊中の彼が、オオゲツヒメを殺したという神話も、彼が農業に対して抱いていた拒否感から説明されるべきであろう。穀物の神とされる彼女こそ、ある意味では、自然搾取・環境破壊による物質文明そのものであった。世界各地に残る穀物生成神話も、こうした文脈で再検討されるべきであろう。

海洋神でもあったスサノオは、海と陸との共存について苦慮していたであろう。彼はギリシア神話でいえばポセイドンであるが、ご承知のとおり、ポセイドンは海豚《いるか》の大群を引きつれていた。この人間と同程度の知性をもつ哺乳類《マンマル》である海豚と共存しつつ、伝説の大陸アトランティスを中心に、この「水の惑星」を支配していたのがスサノオでもあった。

陸と海との共存、あるいは群民・群生の陸と海との住み分け――これがスサノオの出雲王朝の基本理念であったのである。

スサノオを始祖とした出雲王朝が、伝説のアトランティス――竹内文書でいう太平洋中のミヨイ・タミアラ大陸――を中心に、六大州一二ブロックを支配した時代。それは、いわゆる古代の四大文明の中心とされた地域も、このスサノオの統治のもとにあったと考えるべきだろう。

九鬼文書によれば、この「万国統治ノ神皇時代」は、スサノオの皇女オオヒルメから、彦火《ヒコホ》火出見《ホデミ》にいたる七世（一世七代）四九代、八千余年とされている。この「八千余年」が、365日×8,000であるとは思えないが、この期間が、地球文明の第三の黄金時代といえるかもしれない（第一の黄金時代は地質学的変動によって亡び、第二の黄金時代は、イザナミの死によって終わった）。

オオクニヌシ——出雲王朝の栄光の日々

出雲王朝のなかでも大国主命《オオクニヌシ》の治世がハイライトであった。この神話的英雄については、記紀神話や風土記などでも、きわめて魅力的なキャラクターの持ち主として記されているが、体制派の神話でさえ否定しきれないほど、オオクニヌシは民衆に愛され、記憶に残っている支配者だったといえる。

「神代系譜」では、このオオクニヌシをスサノオの孫としている。つまり、オオクニヌシの父にあたる小登美乃命《コトミノ》は、白人根国の支配者であったが、このコトミノミコトがスサノオの子の一人とされているわけだ。

だが、一世七代ということからすれば、親——子——孫といっても、その間に一四代以上の開きがあったと解すべきであろう。

オオクニヌシが青春時代、各地を漂泊したことは、記紀神話にも出ている。もちろん、その間、いくつかの試練に遭遇するが、彼は知恵と勇気と愛とをもって、それらを突破していく。これを文化人類学的に、一人の青年の「成人儀礼」あるいは「通過儀礼」と解する研究者もいる。

いずれにせよ九鬼文書の伝承では、オオクニヌシは白人根国から黒人根国を経由して葦原《アシハラノ》中津国《ナカツ》にいたり、皇位についたとされている。記述はきわめて簡単だが、このことは、父王の

オオクニヌシの鎮魂社といわれる出雲大社の千木

国――白人根国から、たんに黒人根国を通過したというのではなく、黒人根国をも併合支配して、白・黒人根国連合の力を背景に、多くのライバルを退けて、神皇の地位に就いたということである。

というのも「神代系譜」によれば、オオクニヌシの前代の神皇は忍穂耳《オシホミミ》命であった。これも七代続いたわけだが、系図的にはオシホミミはオオクニヌシの伯父にあたっている。

したがって、オオクニヌシには、皇位継承の資格をもつ従兄弟たちが多数いたはずである。『古事記』のオオクニヌシ説話によれば、彼はそのライバルたち（八〇人いたとされている）にいじめられ、しばしば生命の危機にさらされたことになっている。そして、ついには根の国（死者の国）にまで送られたが、スサノオの娘スセリヒメの呪力に助けられて蘇生したという。

すなわち、彼はライバルたちの陰謀によってあやうく殺されかけた——大敗北を喫したわけだが、彼のパーソナリティの魅力が、スサノオ（当時、隠退）の娘を味方につけ、彼女の援助によって苦境を脱し、最後の勝利をおさめたということである。

また、オオクニヌシは、イナバのシロウサギの説話が伝えるように、弱く、苦しむ人民の友でもあった。さらに全盛期のソロモン王のように、多くの女性を愛したし、また愛されもした。ソロモン王といえば、彼は動物とも話せたという伝説があるが、オオクニヌシにも、動物とのコミュニケーションによって危機を脱したという話もある。

この二人の類似点はいくつかあるが、考えてみると、ソロモンはオオクニヌシの父のコトミノミコトを中興の祖とする白人根国系の人間だから、彼の伝説には多分にオオクニヌシ伝説が投影されていたのかもしれない。

なお、記紀神話では、ライバルを退けて、葦原中津国の経営をはじめたオオクニヌシに、経営コンサルタントとしてスクナヒコナという有能な神の援助があったということになっている。このスクナヒコナの素性については、記紀神話からは、体格の小さい宇宙人といったイメージ程度しか出てこないが、この神は、宇宙創成時代に活躍した言霊別《コトタマワケ》命の再来だと出口王仁三郎は見ていた。つまりオオクニヌシの治世は、天上の神々によっても祝福されていたということだろう。

このように、地球＝万国は、オオクニヌシによって、みごとに統治され、群民・群生とともに平和を楽しんだ。オオクニヌシによる万国の統一王朝こそ、出雲王朝の栄光を物語り、それを讃えるファンファーレでもあった。が、その黄金の日々も、やがて次代の事代主命《コトシロヌシ》の悲劇によって中断されることをだれが予想しえたであろうか。

悲劇はまず災害の形でやってきた。いや、オオクニヌシの晩年、彼の国土経営の最大のスタッフであるスクナヒコナが、葦原中津国を去って黄泉《ヨミ》国へ渡った時点で、すでにその崩壊のきざしがあったというべきかもしれない。

新人類はノアオシワケの子孫である

九鬼文書の「神代系譜」によれば、オオクニヌシノミコトの弟神に野安押別《ノアオシワケ》命がいた。

このノアオシワケこそ、旧約聖書（創世記）に出てくる「大洪水」を方船《はこぶね》に乗って逃れ、新しい人類の祖先となったノア（アダムの一〇代の孫）だというのが九鬼文書の伝承である。そして、当然のことながら、このノアオシワケの直系の子孫からイスラエルの予言者であるモーゼ（母宇世）、さらに人類の救世主《メシヤ》であるイエス（伊恵斯）が出ている。

さて「ノアの洪水」の伝承だが、これは古代ユダヤ固有の伝承というよりも、メソポタミアのものであり、また、古代オリエントだけでなく、古代中国はじめ世界各地にあった説話である。

つまり、過去のある時期、気候の温暖化にともない、極地の氷や各地の氷河が融け、海面上昇を招き、世界各地に大洪水がおこったということは、まず事実であろう。また、その大洪水が、地球の温暖化とかぎらず、たとえば「燃える氷惑星」の仮説や、あるいは海底の大地震などが引き金となっておこったことも、一度や二度でなかったと見てよいだろう。

その大洪水の伝承（記憶）を、比較的はっきりと記録していたのが、古代メソポタミアの人人であり、さらにその伝承にある種の宗教的意味を与えたのが、古代イスラエルの人々だったというわけである。

旧約聖書の文脈からすれば、この時代、人類は神にまったく愛想《あいそ》をつかされるほど堕落していた。そのため、神は敬虔《けいけん》なノアとその一族をのぞき、他の人々をすべて大洪水によって浄化しようと決意し、かつ実行したということになる。

だが、九鬼文書には、竹内文書や旧約聖書とはちがい、このような「万国土《ドロ》ノ海トナル」大異変についてはほとんど言及していない。せいぜい「騒《サワ》ガシキ世トナル」そして「天の岩戸（岩殿）」の神事を記すことによって、わずかに王朝の交替——文明の衰亡・変遷が示唆されている程度である。

これでは、宇宙の創成から万有造化、地球の修理固成を語り、さらにその壮大な歴史の抹殺過程にわたる伝承としては、いささか物足りない。いや、かえって不自然でさえある。

地殻《ちかく》変動・造山運動・火山爆発、それに氷河時代……を考えただけでも、太古代、超古代において、人類の生活様式（文明）を根底から破壊するようなぼう大なエネルギーの放出――大異変がいくどとなくおこったことは容易に推測される。それらのうち、どれ一つとりあげても、人間を月世界に送り込めるほどの現代の文明でさえ、完全に消滅させるに十分な破壊力《パワー》をもっている。

一方、このような大異変は、地球の修理固成の後遺症的なケースだけでなく、人間の文明自体に起因する場合も考えられる。

たとえば、あの平和な！　それこそ牧歌的な牧畜や農業でさえも、ある限度以上に達すれば、緑の草原や沃野を不毛の砂漠に変えてしまう。また、金属精錬が行なわれれば、燃料の木炭製造のために森林はあっというまに丸坊主になってしまう。さらに、大戦争がおこれば、文明維持システムが破壊され、文明は衰退どころか、ゼロに帰すという事態は、十分に考えられることだ。

とくに超古代の核戦争まで考えなくても、たとえば巨石文化を形成した、現在の私たちに未知な（失われた）技術やエネルギーが、戦争に使用されたらどうだろう。超古代や太古代の文明など、それこそ一朝一夕で壊滅してしまうはずである。

つまり、人間の文明は、きわめてわずかな自然とのバランスの崩壊によっても、また、文明を形成・維持・発展させるノウハウの誤用によっても、あっけなく失われてしまうということである。

そうした危険についていつの時代にも、少数ながら、予言なり警告をしていた人々はいたはずである。だが、そうした予言なり警告は、たいていの場合、無視されたのではあるまいか。

その結果、文明は崩壊し、人類はまた文明を築きはじめる、だがまた、それも崩壊する……賽《さい》の河原の石を積む営みに似たもの。そこから、生き残った人々のあいだに、文明の崩壊を、神の摂理と見る考えが生まれる。大異変天譴《てんけん》説である。竹内文書の大異変には、それがよく反映している。旧約聖書のノアの洪水説明もそうである。

「高千穂王朝」はアルメニア高原にあり

おそらくノア（野安押別命）の時代は、オオクニヌシの出雲文明が爛熟《らんじゅく》期に達し、その崩壊の兆《きざ》しがすでに社会の各方面に出ていたのであろう。そして、ノアは、その崩壊が大異変（大洪水）の形ではじまることを予知し、人類を可能なかぎり救済しようとつとめた警世の予言者であった。

だが、ノアの努力にも限界があった。彼は多くの人々や動物を救うことができたが、文明そのものを救うことはできなかった。

文明が高度になればなるほど、それを維持するシステムも精緻《せいち》なものとなる。そのメカニズムの主要なポイント、ポイントを保守管理する人間がいなくなる（死亡する）か、あるいはそのハードウエアが破損すれば、再建は不可能となる。社会は不安定どころか、無秩序《アノミー》となり、

「高千穂」の最有力候補地、アルメニア高原

大異変をわずかに免かれたシステムも破壊されてしまうこととなる。

ノアは、たしかに神の教えを守って大洪水から人々を救った神人だったたであろう。だが、その方船（「目無堅間《めなしかたま》の船」ともよばれる銀杏の実の形をした絶対に沈まない構造の船）は、ひとにぎりの群民・群生の救出が精一杯だったのである。

オオクニヌシ王朝に代わってオシホミミ系の瓊々杵尊《ニニギ》が新しい王朝を開いたのも、オオクニヌシ王朝が大洪水による多くの群民・群生の死亡の責任をとって、葦原中津国の統治権を放棄させられたからである。オオクニヌシの子のコトシロヌシは、統治権の放棄をやむなしと認めたうえ、自決した。オオクニヌシ自身も幽界に去った。

「神代系譜」には、このニニギノスメラミコトが「高千穂天皇ノ創也《ハジメ》」と記され、出雲（オオクニヌシ）王朝に代わって、新たに高千穂王朝が出現したことを伝えている。

この「高千穂」は、もちろん、日本列島の九州、日向の高千穂山麓のことではない。おそらく、大洪水から辛じて逃れた人々の拠って集まった海抜の比較的高い高山地帯である。高千穂とは、高い多くの峰々という普通名詞であり、ヒマラヤ山脈、ロッキー山脈、アンデス山脈などの山麓（高原）地帯のことである。

ノアの方船が漂着したと伝えられるアララト山（海抜一六四〇メートル）の高さが一つの基準となる。

したがって、高千穂王朝は、アララト山麓のアルメニア高原か、さらに東方のヒマラヤ山麓のパミール高原に拠点を置いたという可能性が濃い。私は、アルメニア高原が、高千穂の地だったのではないかと考えている。というのも、ニニギノミコトの夭折（若死）伝承が、このアルメニア高原から地中海沿岸にかけてのタムムズ伝説ときわめてよく似ているからだ。

タムムズとは、もともと「生命の水」を支配する若い神（王子）であった。彼は旱魃《かんばつ》で河水が涸《か》れそうになると、耕作農民のために、みずから犠牲（人身御供）となって、河神（水神）に捧げられる。

記紀神話では、ニニギは、土着神（国津神）の二人の娘と結婚することになったとき、美しい木花咲耶《コノハナサクヤ》姫を選び、醜いその姉の石長《イワナガ》姫を拒否した。そのため、ニニギの生命は、咲いて散る花のようにはかなくなったという。

大洪水後、人類の生命が短くなったという伝承は各地にある。これは大洪水後に即位したニニギの短命伝承とつながりがある。ニニギの短命は、彼がタムムズであるかぎり不可避的であった。

だが、このニニギ勢力を例にとるまでもなく、大洪水で助かったのは、ノアに代表される敬虔な人々だけではなかった。神の教えに背いていた人々も多く助かっている。この点は旧約聖書にはふれられていないが、大洪水以後の人類がノアのような敬虔な人間の子孫だけだったなら、世の中に、いわゆる悪党はいないことになる。にもかかわらず、キリストを十字架にかけるような人間がワンサといるのはどういうわけか？　つまり、悪運強く助かった人間が多数いたということである。いいかえれば、大洪水は浄化作業ではなく、警告作業だったということである。

一方、この高千穂王朝の成立に対して、肝心のノア一族の態度はどうだったのだろうか。彼らは大洪水後の世界（葦原中津国）の復興について、どのようなビジョンをもっていたのだろうか。

新人類ノアの文化《カルチユア》・大革命《レボリユーシヨン》は何を目ざしたか

大洪水が退いたあと、アララト山麓に漂着したノアとその集団はどうなったか？　ノアは、表面的には大洪水に生き残った新しい人類を結集して、新しい文明を築きあげ、出雲王朝に代わって新しい王朝を立てることに失敗したと見られる。なぜなら、オシホミミ系のニニギが即位し、新しく高千穂王朝を立てたのだから。

だが、私にはこのノアオシワケとその集団は、意識的に大洪水以前の文明の再建を否定したように思える。つまり、彼らは、もっとちがった文明史的な役割を担うことを考えたのではあるまいか。そのため彼らは、まず予期された大異変から一人でも多くの同胞を救うことを目的とした。次に、この天の怒りとも思える大異変を、新たに構築されるべき文明への反省の（自制の）要素として入力《インプット》することを考えた。

ノアとその一族は、洪水が退いたあと、避難さきの高山地帯から下って、シナイ半島に分布した。彼らは、大洪水以前の文明に復帰する意志を捨てていた。なぜなら、彼らは、この大異変を、一種の巨大な人災――いわゆる文明の当然の帰結として受けとめていたからである。

おそらくノアは、出雲王朝の黄金時代に蓄積されていた大気中の二酸化炭素が、地球の温暖化を招き、それが大洪水の元凶であったことを知っていた、とまではいかずとも、いわゆる文明化と公害（汚染）との相関性について神より聴いていたであろう。

そこから彼は、洪水後に再建されるべき文明に、一つの歯どめをかけることを考えたはずである。それは、物質重視の文明に対する精神重視の文明論の提示となった。彼が沃野であり、文明の再生可能性の多いメソポタミアに定住することを避けて、むしろ人間の生活には条件の悪いと思われたアラビアの地に、蜜蜂と羊とをつれて漂泊の生活を部族に指定したのは、過去の文明の悪徳からできるかぎり部族を絶縁させたかったからであろう。

だが、その結果、彼の子孫は古代オリエント諸帝国の争覇戦の犠牲となって、やがてアッシリアやエジプトによって奴隷化される事態を招いた。そんな悲惨な状況のもとにあっても、彼らは、偶像によって象徴される文明の物質化（これを大本教ふうに「体主霊従」つまり肉体的ないし物質的な快楽の追求を精神的なものより優先させることといってもよい）に対する抵抗の姿勢を崩さなかった。

モーゼは、エジプトで奴隷の境遇におちいっていた白人根国――ノアオシワケの後裔に対して、民族理想の炎をかきたてた指導者であった。彼は、自分の民族を奴隷として酷使していた

モーゼ。彼は白人根国の末裔を率いて「約束の地」を目ざした

エジプトの支配から脱出させるため、紅海を渡った。自分たちの祖先が生きたシナイ半島の地に、自分たちが生きる「乳と蜜との流れる郷《くに》」を求めた。

そのモーゼの探索は成功せず、彼は永い漂泊のなかで、一族をこの理想郷に導くことができないまま世を去った。あるいは、一部学者のいうように、彼は永い荒野での漂泊に疲労と幻滅を味わわされた部族の一部不平分子によって殺害されたのかもしれない。

だが、モーゼの理想は一族のなかに受けつがれ、やがてそのなかから「救世主《メシア》」とされたナザレのイエス（九鬼文書では「伊恵斯」）が生まれた。

いつかは、自分たちを現在のみじめな境遇から解放してくれる救世主《メシア》が出現するはずだという信仰が、大洪水後に成立した新しい文明体制のなかで、低カースト（被差別階層）に組み込まれた人々のあいだにおこった。これは、かつての黄金時代――オオクニヌシ王朝の全盛期――への民衆の追憶にもとづく願望だったのかもしれない。

ちなみにユダヤの民には、モーゼ以来、いく人かの予言者が現われ、自分たちの神との契約を守り続けることによって、やがて自分たちを解放してくれる救世主《メシア》が出現することを人々に訴え続けた。

一方、この救世主《メシア》願望（信仰）は、ひとり白人根国系の人民だけでなく、黒人根国系の人々にもあった。ツキヨミ天皇の天日《アマツヒ》那太身《ナフトミ》命が「南海国之祖」とされ、また同系の奈加登美《ナカトミ》命（「黒人根国中興ノ祖」）の系列から加毘羅飯《カピライイ》命が出、そのカピラ王国の皇太子悉達留多《シッタルタ》、つまり釈迦が出ている。

この釈迦の説に、やはり救世主《メシア》としての弥勒《ミロク》の下生《げしょう》（地上への出現）があった。そして、このミロク信仰は、西方のメシア信仰と平行して東方に広まったのである。この信仰が私たちの祖先だけでなく、文明の行き詰まりに気がつき、その文明の破局から現代を救おうと願う人々への無限の励ましとなっているのもまた、否定できない事実である。ノアオシワケの構想した壮大な文化大革命の理想は、まだ生きているというべきであろう。

釈迦はツキヨミの末裔である

救世主論《メシア》で釈迦が出てきたので、ここではこの釈迦の系譜について話してみたい。

九鬼文書の「神代系譜」によれば、出雲三天皇（天照坐天皇・月夜見天皇・素戔嗚天皇）のうち、ツキヨミの子孫からは天皇《スメラミコト》は出ていない。

ツキヨミは、アマサカルヒムカツヒメ（天照坐天皇）の後を襲って神皇になったものの、やがてスサノオによって交替されてしまったことについては、すでに記した。

「神代系譜」によれば、ツキヨミの直裔に天児根命《アメノコネ》またの名を天八意思兼命《オモイカネ》が出ており、これが大中臣《オオナカトミ》の祖神とされている。また、アメノコネの弟神に奈加登美命《ナカトミ》、経津主命《フツヌシ》があり、前者は「黒人根国中興ノ祖」とされ、後者は「春日《カスガ》ノ大神也」とされている。もう一人の弟神で武御雷命《タケミカヅチ》がいるが、この神は「常陸《ヒタチ》大中臣ノ太祖也」といわれている。

これらの系譜からうかがえることは、ツキヨミの後裔は、それぞれ重要な神々ではあったろうが、いずれも自身がトップに立つというのではなく、宰相か、スタッフ（幕僚）ないし、ライン（部隊長格）としての生き方をとってきたということである。スサノオの皇后《きさき》の天の岩殿ごもりのさいのツキヨミの行動が、その一族（藤原氏）の政治行動のパターンとなったといえる。

さて、ツキヨミ系でアメノナカトミの兄にあたる皇子で天日那太身命《アメノヒナタミ》がいた。「神史略」によれば、彼は南海諸国の祖であり、その子孫から楠《くすのき》氏が出たとある。楠一族は葛城山系に勢力を振るっていた。彼が天下の大軍を引き受けた千早城は、山伏の修験道場である金剛山であった。おそらく、その祖先は、熊野に漂着したインド系の渡来民であった可能性が濃い。

楠木正成が千早城で善戦できたのは、彼の戦術が騎馬民族系の鎌倉武士団にとって初体験のものだったからである。つまり、彼の戦術は、熊野経由の南海――インド系のものだったのだ。

つまり、アメノヒナタミが赴いた「南海国々《クニグニ》」とは、東南アジアというよりも、さらに西方――インドおよびその周辺諸国ということになるだろう。とすれば、アメノナカトミが「中興」したという黒人根国は、当然インド半島を中心とした地域（スリランカ、ビルマ（現・ミャンマー）などを含む）だったと見てよい。

このアメノナカトミの子孫からシッタルタ（釈迦）の父であるカピラ城の浄飯王《ジョウボン》が出てくることから見ても、黒人根国のインド説は一応うなずける。

だが、私が前章でちょっとふれたが、黒人根国の祖でもあるツキヨミが、スサノオの一神格であったとしたらどうなるだろうか？　当然、黒人根も白人根もスサノオに収斂されることとなる。つまり、釈迦もイエスも同じスサノオの系統の出身ということになる。まさに大本教や竹内文書の天津《アマツ》教でいう「万教同根」である。

私には、釈迦とイエスが同系であった——祖神が同じ（スサノオ）であったという仮説が、きわめて魅力的に思える。

イエスがノアオシワケの一族の子孫であるということは一応わかる。だが、なぜ釈迦もこのノアオシワケにつながるというのか？

この難問に対して、スサノオ・ツキヨミ同神説だけでは説得性に乏しい。だが、釈迦とキリスト（イエス）という二人の救世主《メシア》の思想と行動——教え——を追ってゆけばゆくほど、この仮説は真実に接近していく。極端にいえば、釈迦・キリスト同一人説さえも可能となるのだ。

釈迦もイエスも出雲族の良心である

「釈迦」とはキリストの場合と同じく、固有名詞でなく普通名詞であった。すなわち釈迦とは、かつて中央アジアの西方、カスピ海沿岸地方に広く活躍していた「サカ族出身の聖者」という意味である（Śakya-muni サカ族の聖者「釈迦牟尼《シヤカムニ》」）。

このサカ族とは、カスピ海東方に居住していた遊牧民の汎称である。イラン東方のサカ族が、バクトリア滅亡のさい、アフガニスタンに移動し、さらにガンダーラ地方に移動、以後、西北インドに威を振るった。シッタルタが生まれたカピラ王国も、このサカ族の立てた国であった。したがって釈迦牟尼の一族は、もとはイラン系だったと考えられるが、肌の色が黒っぽかったことから黒人根系に含まれたといえる（すなわち、黒人根・白人根といっても、それは肌の色の濃淡からの区分であって人種的区分ではなかった点に留意してほしい）。

サカ族（釈迦族）が北インドに入ったときは、インドのほとんどはアーリア人によって支配されていた。したがって、シッタルタは、身分的にはカピラ王国の太子であったとしても、バラモンを頂点とする先住アーリア人のカースト制のもとでは、マイナーであった（せいぜいバラモンの下位のクシャトリア階級）。

一方、釈迦の体が「黄色」ないし「黄金色」に輝いていたという仏教の伝承から、彼をイラン系（これはアーリア系）ではなく、ネパール土着の黄色人だったという推定もある。

それだけに、このシッタルタは、カースト制のもとに苦吟する多くの人々に救い——解放の福音を伝えようとしたわけである。

インドでは、現在も二〇〇〇以上のカーストがあって多くの人々が差別に苦しんでいるが、あのガンディでさえ、このカースト制廃止については沈黙していた。

もともとカースト caste の原語のヴァルナ varna とは色、とくに人間の肌の色をさす。つまり皮膚の色を基準とした人種差別を意味したが、それが職業差別をも意味するようになった。

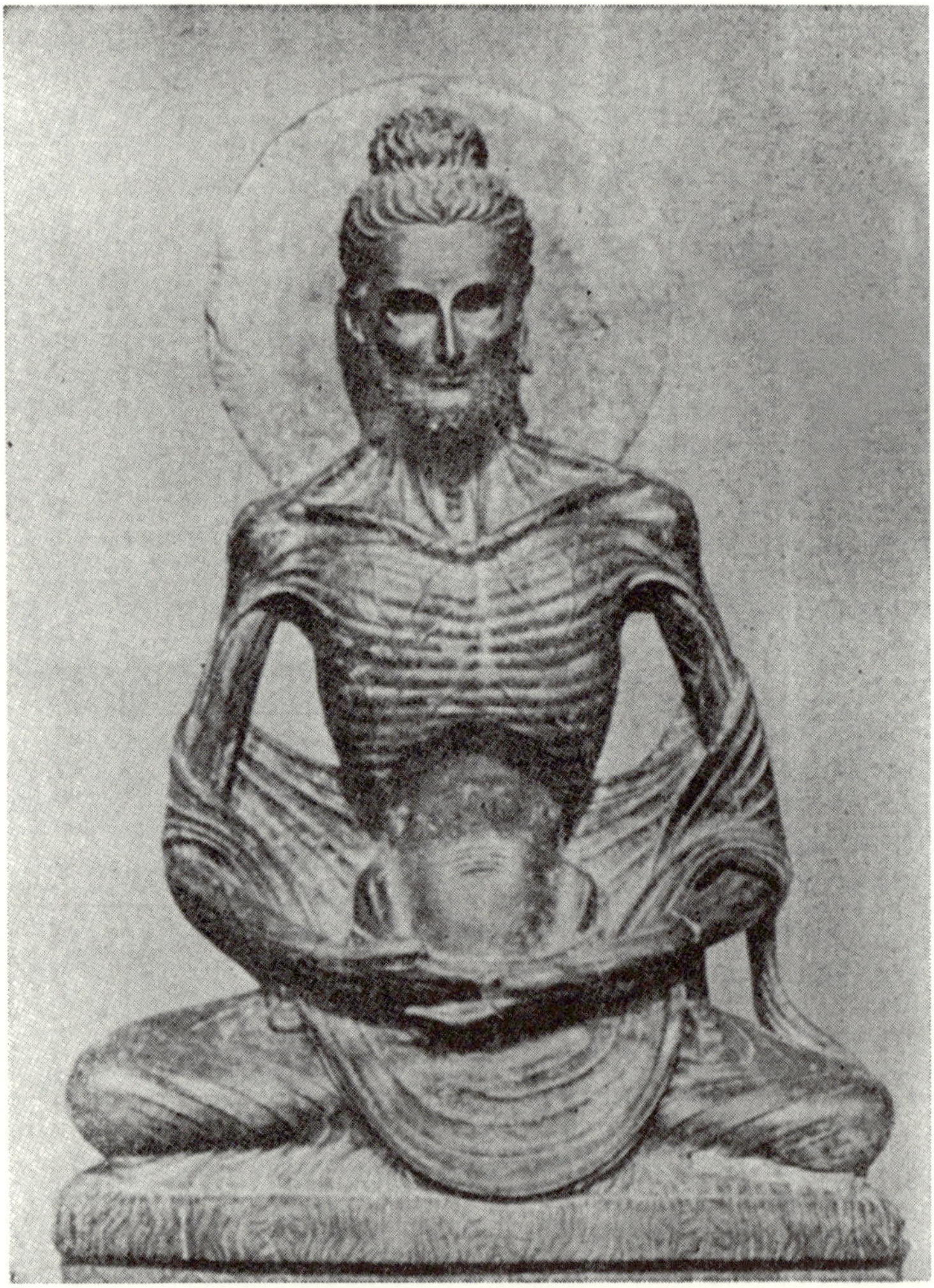

苦行する釈迦像（ガンダーラ仏教美術の最高傑作）

これは、インドに征服者として乗り込んだアーリア人がもち込んだいまわしい習俗である。カーストの頂点に立つバラモン（祭司階級）は、中央アジアから東進してインドに侵入したアーリア人だった。彼らは征服地における圧倒的多数の原・先住民（黄色ないし黒色）と混血してそれに呑み込まれることをおそれ、この制度をもち込んだといわれている。

バラモンの権威がいかに高かったかといえば、インド最古の「マヌの法典」には、「世界のいかなるものでもバラモンの所有物である。バラモンはその生まれの卓越性から、実にこのすべてに対する権利をもつ」とか「バラモンだけが彼自身のものを食べ、彼自身の衣服をまとい、彼自身の物を施す。他の人々はバラモンのおかげで生きている」などと記されていることからも想像できる。

現代のインドでも、こうした差別は事実上生きており、たとえば都市の病院で医師は比較的高いカーストであり、女性看護師は低いカースト出身者が多い。そのため、医師は女性看護師を強姦しほうだい？　だという報告さえあるくらいだ。

釈迦は、このカーストに挑戦したのである。だが、後世の仏教は、釈迦の属したクシャトリア階級を「王者階級」とよび、バラモンよりも上位におくなどという愚を犯している。そのためやがて仏教は、バラモンにまき返され、吸収され、インドではほとんど消滅してしまった。

これは、釈迦の「色即是空《しきそくぜくう》」、色つまりカーストの否定精神を忘れた当然の報いといえるかもしれない。

釈迦自身も、自分の弟子たちの約六〇パーセントがバラモン出身者によって占められている現実を見極めていた。彼の教えは、自分の没後、衆生《しゅじょう》を救済すべく五六億七〇〇〇万年！後に、この世に下生するという未来仏ミロク（弥勒菩薩）についての予言で終わっている。

ミロクは、現在ボサツのままで、浄土の兜卒天《とそつてん》で天人のため説法をしているが、五六億七〇〇〇万年後、この世に下生して竜華《りゅうげ》樹の下で成仏し、三会に説法するという。釈迦の代わりであることから補処《ふしょ》のボサツともいわれるが、つまりは、未来に出現する救世主《メシア》ということになる。

釈迦自身も救世主《メシア》の一人だった。その彼にしてもキリスト（イエス）の場合と同じく、結局は人類を救うことができなかった。

だが、この二人の救世主《メシア》は、それぞれ、私たちの文明の在り方に対して、注目すべき警告を残している。すなわち釈迦の「殺生《せっしょう》」を禁じた戒律は、たんなるヒューマニズムではなく、次のようにも解されるはずである。将来、人類がより以上の知性体とコンタクトした場合、彼らが、ちょうど人類が他の動物を良心のカシャクなく殺すように人類をとり扱うという事態も当然予想される。そのとき、人類は自分たちが地球上の他の動物に対して行なってきた行動を是認するかぎり、彼らが人類に対して行なう行動に対してクレームをつける論理的な根拠がない……。釈迦の殺生戒はそのような事態を洞察したものではないかと私は考えている。

一方、キリストは、「悪魔の誘惑」を退けることによって、神の王国を「地上」に求めることの危険さを説いた。これは、大洪水を招来した「文明」の誘惑に対する抵抗の必要さの主張である。

また、彼が終始説いてやまなかった「愛」とは、釈迦と同じく超人類的な高みにまで昇華されるべき性質の愛であって、これもまた、本格的宇宙時代における人間の在り方に対する警告であった。だが二人とも、生前その教えは結局受け入れられなかったのである。

国譲り＝国盗り神話の真相とは

「万国統治ノ神皇時代」は、彦火々出見《ヒコホホデミ》天皇の代で終わるが、その前半は出雲（スサノオ）色の強い王朝であり、後半は「神代系譜」にニニギ天皇を「高千穂天皇ノ創《ハジメ》也」ともあるように、オオクニヌシ天皇（出雲系）の系列とは一味《ひとあじ》ちがった王朝であった。

この、オオクニヌシ系の引退は、ノアの洪水によって象徴される大異変による文明の崩壊に対する引責退位の色彩が濃い。

オオクニヌシ系の支配権のニニギ系（これはオオクニヌシの伯父格にあたる天之忍穂耳《アメノオシホミミ》天皇の系統）への移譲は、記紀神話では次のように記されている。

葦原中津国《アシハラノナカツクニ》とよばれていた日本列島を統治し、しかも見るべき実績をあげていたのはオオクニヌシとその子のコトシロヌシであった。ところが、この二人に対して、高天原《タカマガハラ》の支配者が使者を派遣して、この国はもともと高天原の神々の子孫が支配するはずの地であるから、統治権を返還せよと申し伝えた。最初の使者天菩比神《アメノホヒ》は、三年たっても還ってこなかった。彼はオオクニヌシの統治方式やその人柄《ひとがら》、その人望に圧倒されて、使者としての使命など投げ捨てて、オオクニヌシの国土経営に協力する始末だった。

二度めに派遣された天若日子《アメノワカヒコ》にいたっては、オオクニヌシの娘の下照比売《シタテルヒメ》と恋愛関係におちいり、中津国随一のこの美女と結婚してしまい、八年間も高天原に連絡一つしなかった。そこで最後に建御雷之男神《タケミカズチノオ》が派遣された。

天鳥船《アメノトリフネ》を連ねて出雲に襲来したタケミカズチ軍団は、うむをいわせず、オオクニヌシに「国譲り」を迫った。オオクニヌシは抵抗しても無駄と観念し、子のコトシロヌシと相談して最終的な態度をきめると応えざるをえなかった。コトシロヌシも、事態がやむをえない段階にあることを知り、オオクニヌシに「国譲り」を献言した。だが、一族の建御名方命《タケミナカタ》は、断固抗争を主張して譲らず、タケミカズチ軍団と戦った。だが、敗れて、信州の州波《すわ》の湖の畔りまで追いつめられ、降伏したという。

この説話は、どうひいきめに見ても高天原側の侵略である。この侵略——葦原中津国の主権回復？——の論理的根拠は、ただ天孫降臨のさいの神勅の一節「豊葦原中国《トヨアシハラノナカツクニ》は是吾《コレア》が児《ミコ》の王《キミ》たるべき地《クニ》なり」（『日本書紀』）というだけである。ここに、かつてのライバル、スサノオの系統のオオクニヌシに対するアマテラスの怨念じみた執念を感じとることもできる。

一方、九鬼文書では、この「国譲り」のいきさつなど何も記されていない。オオクニヌシ王朝からニニギ王朝への皇位の移動を系図で示しているだけである。

ただ、この葦原中《アシハラナカ》（津《ツ》）国《クニ》が、日本列島内のものとは、九鬼文書の内容からして考えられないだけのことである。

たとえば「神史略」の建速素戔嗚《タケハヤスサノオ》天皇が「檀君《ダンクン》ト称シ朝鮮春川ニ降リ檀国ヲ造営シ給フ」という記事、あるいは伊弉諾《イザナギ》天皇が「白人根国エジプトニ降リ、後《ノチ》、伊駄国《イダグニ》ヲ造営シ給フ」という断片的な記事を見ると、九鬼文書の地理的空間は竹内文書のそれと、ほぼ重なるのではないかと思わざるをえない。

ちなみに檀君とは、朝鮮の建国伝説で、その始祖とされているが、それをオリエント神話のダゴン神と同一視している研究者もいる。

ダゴンとは、世界最古の「ハンムラビ法典」のなかで「わが父」とよばれている。バビロニアでは、この神は「水神エア」と同一視され、ヘブライ・フェニキアでは「穀物の神」とされていた。

また「伊駄国《イダグニ》」とは、明らかに「支国《エダグニ》」のことであり、「本国《モトツクニ》」から分かれた自治領ということである。

とすれば、スサノオ――オオクニヌシの統治した「中津国《ナカツ》」とは、オリエントおよびその周辺ということになる。また、その中心（政庁の所在地）が「高天原」ということになろう。

スサノオは、アトランティス、つまり太平洋のミヨイ・タミアラから、即位とともにこの

「本国《モトックニ》」（中津国）に移っていたと考えられる。

オオクニヌシも、この中津《ナカツ》国で、スクナヒコナとコトシロヌシの協力のもとに、新たな国土経営にはげんでいたのではないかと私は考えたい。

『古事記』の「国譲り」は、大災害後、全力をあげて国土再建中のオオクニヌシ王朝に対して、アマテラス系集団が強大な軍事力で圧力をかけて、その主権を移譲させたという史実を、日本列島内の事件として矮小化させたものであろう。

主権を移譲したオオクニヌシを待っていたのは死であった。コトシロヌシも自ら死をえらんだ。そして、この出雲系の英雄の怨念をなぐさめるために建てられたのが出雲大社だ、とするのが梅原猛氏の怨霊史観である。

だが、彼らは死ななかった。民衆の意識の底に生きていた、そしてこの世の「立て替え」「立て直し」を行なうミロクとして復活する日を待っているというのが、九鬼文書の伝承を継承したと私には信じられる大本数のミロク史観である（第七章参照）。

第四章

彷徨《さまよ》えるウガヤ王朝の軌跡

なぜ、ウガヤ王朝七三代は抹殺されたのか

大国主の中津国《ナカツクニ》王朝を簒奪《さんだつ》した瓊々杵《ニニギ》の高千穂王朝は彦火々出見《ヒコホホデミ》で終わり、次に鵜茅不合葺《ウガヤフキアエズ》王朝七三代の世となる。「神代系譜」によれば、その間千二百余年という。とすれば各代在位平均一六年と五ヵ月となり、これは別に不自然ではない。つまり歴史時代に入ったということである。

だが、記紀によれば、このウガヤ王朝は一代となっており、すぐ神武天皇に続いている。つまり七三代千二百余年の王朝を一代（年数不明）に圧縮しているわけである。これは明らかにウガヤ王朝の抹殺である。

一方、記紀とはちがった系列の史書である古史古伝には、九鬼文書以外にもウガヤ王朝の存在を記したものが少なくない。たとえば、

竹内文書（七三代）
宮下文書（五一代神皇プラス二五代皇后摂政、あわせて七六代）
上記《ウエツフミ》（七二代）

このことから、かつて作家の林房雄は、記紀に記されていないウガヤ王朝の存在を強く主張

したことがあった（林『神武天皇実在論』）。私もその点については林の意見に賛成である。ただし、私のウガヤ王朝存在説は、林のように「上記」や「宮下文書」に記されているからということとは別に、神武王朝と称される王朝が開かれる以前の、いわゆる神代と、日本列島における歴史時代（神武以降）とのあいだに、この二つの時代を媒介する王朝があって当然、なくて不自然という理由からである。

　しかし、私が、ただ「あって当然」といっても、なぜ当然かと思われる向きもあるだろう。そこで、もう少し詳しくいえば、記紀の場合、ニニギからヒコホホデミまでは、それなりに一応筋がとおっている。だが、ウガヤフキアエズの段になると、ばかに記述があっさりしているのだ。それまでの海幸・山幸の説話とか、木花咲耶《コノハナサクヤ》姫《ヒメ》の説話とか、一応神話的なエピソードといえるようなものなどまったくない。

　要するに、ウガヤフキアエズノミコトなる人物は、自分の姨《おば》と結婚し、五瀬《イツセ》命・稲氷《イナヒ》命・御《ミ》毛沼《ケヌ》命・若御毛沼命（のちの神武天皇）の四人の子の親となり、五八〇歳！　で死亡したというだけのことである。ただ、見逃せないのは、ミケヌノミコトは神武の誕生後、「波の穂を跳《ふ》みて常世《とこよ》国に渡り」、またイナヒノミコトは「妣《はは》の国として海原に入りましき」（『古事記』）とある点だろう。なぜ二人の兄が自殺しなければならなかったのだろうか？　また、もう一人の兄のイツセノミコトも、神武東征のさい、戦死している。この三人はいずれも海で死んでいるのである。私が「不自然」という理由の一つもここにある。

それでも『古事記』は、神武天皇の二人の兄の不自然な死を記録しているだけまだよい。『日本書紀』にいたっては、より簡単で、二人の死を東征途上での溺死としている始末だ。

これらの事実から、私はウガヤフキアエズの治世について、何か隠蔽すべき事項があったため、意図的に簡略化したものと判断したわけである。そして、簡略されないウガヤ史、それが七三代（厳密にいえば七三代が神武天皇となっているから七二代）のウガヤ王朝史ということになる。

では、記紀の編さん者は、なぜウガヤ史を一代かぎりに圧縮しなければならなかったのかということになる。それは、記紀神話が、アメノミナカヌシ以前の神々を抹殺した場合と同じ原理にもとづく措置であった。

すなわち、記紀からまずアメノミナカヌシ以前の歴史なり神話を抹殺することによって、次に、このウガヤ王朝を抹殺することによって、「神代の万国史」は、まったく骨抜きにされてしまう。いいかえれば天地開闢・修理固成・高天原・国譲り・天孫降臨・古代王朝（神武王朝）成立までの全過程が、すべて、つかまえどころのない「天」上のこととか、日本列島内での出来事というようにきわめてローカルなトピックとなってしまう。

つまり、記紀の編さん者の目的は、日本の古代史をこのように日本列島中心史観で構成しなおすことによって、日本列島先住民に対し、自分たちが日本列島の自生民族であると強弁して、その支配の正統性ないし正当性をＰＲすることにあったのである。ここから、悪名高い皇国史観がことあるごとに強調されることとなる。古代史は歴史的研究ではなく、それこそ神話的プロパガンダに堕《お》ちる危険性をつねにはらむこととなった。このように、ウガヤ王朝の抹殺は、日本の古代史研究を、学問的なものとしてではなく、政治的なものに偏向させる役割を果たしているのである。

ウガヤ王朝は移動する王朝だった

抹殺されたウガヤ王朝については、宮下・竹内文書などを参照する以外にない。物部文書が公開されたら、その記述と照合することによって、ウガヤ朝についてより具体的なイメージを引き出すことができるかもしれないが、これはいわばないものねだりである。

ウガヤ王朝について言及してある前掲の古史古伝を読むと、『古事記』や『日本書紀』の神武以前には考えられない文化の発達が見られる。金属器はもとより、紙・筆・墨などの記録用文具、農業・医療・薬物・暦法・十進法なども立派にそろっている。

これらの点からいえることは、ウガヤ王朝が一代かぎりの王朝で、しかも日本列島内（九州・高千穂地方）にあったものとすれば、それは飛鳥時代前後のことということになってしまう。

とすれば神武天皇の年代は、さらに若返って？　大化改新前後、つまり神武＝天武天皇同一人物説などということになりかねない。

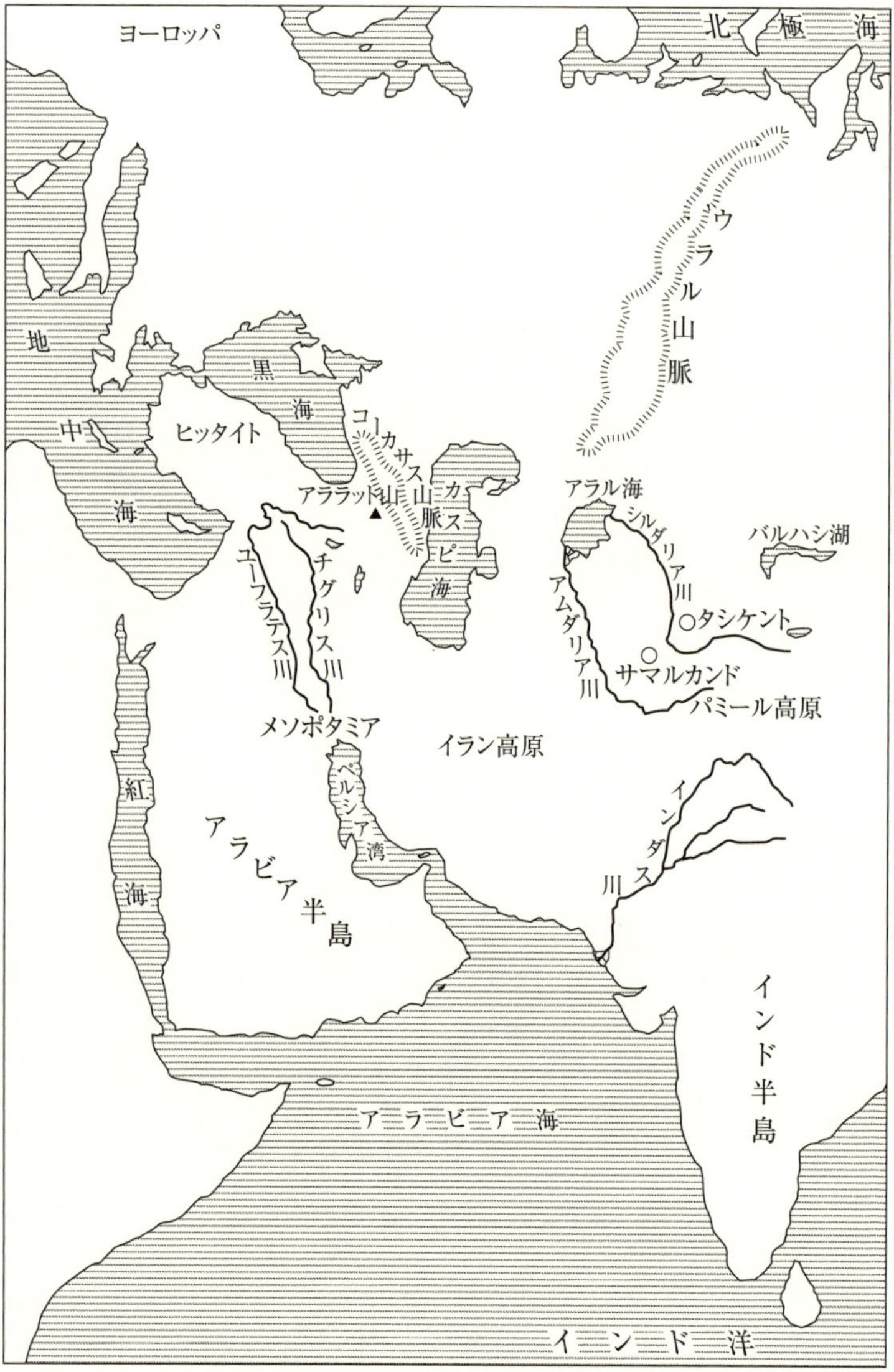
ヨーロッパ
北極海
ウラル山脈
地中海
黒海
ヒッタイト
コーカサス山脈
アララット山
カスピ海
アラル海
シルダリア川
バルハシ湖
アムダリア川
タシケント
サマルカンド
パミール高原
ユーフラテス川
チグリス川
メソポタミア
イラン高原
ペルシア湾
紅海
アラビア半島
インダス川
インド半島
アラビア海
インド洋

したがって、ウガヤ王朝が代数の問題はとにかく、実在していたとすれば、それは日本列島以外の地にあったということになろう。といっても、アメリカや中南米、オーストラリアなど新世界ではあるまい。アフリカも可能性絶無といえないが——高天原エジプト説もある——それよりは、やはりユーラシア大陸の、山と水と緑のある地域と考えるべきだろう。

宮下文書によれば、中央アジアのアラル海に注ぐ二大河、アムダリア、シルダリアの流域でパミール高原よりの場所、ということになるが、その地域はむしろウガヤ王朝以前の中津国《ナカツクニ》だった可能性が濃い。そこで私は、ウガヤ王朝は、より西方にあったものと考えたい。いや、より大胆にいわせていただければ、ウガヤ王朝は私たちの祖先の漂泊時代（日本列島渡来以前）の記憶だったのではないかと考えている。すなわちウガヤ王朝は、七十数代——千二百余年——にわたる移動する王朝だったということである。

スサノオ系王朝（出雲王朝）の没落によって、世界は暗黒時代に突入した。オオクニヌシを退陣させたニニギ系王朝も、その暗黒から脱することはできなかった。ヒコホホデミのあと即位したウガヤフキアエズにしても同様だった。

ウガヤ王朝は太古以来の伝承を守り、文明の再建に悪戦苦闘を続けたであろうが、かつてのオオクニヌシ王朝時代の威信を回復することはできなかった。その権威とて、せいぜい自分たちの部族内のものでしかなかったであろう。そして王朝自体も、混乱のなかに安住の地を求めて、のちにシルクロードとよばれるユーラシア大陸の東西往還のルート上のオアシスからオアシスへと漂泊し続けていたわけである。

その間に、部族のなかには分派行動をおこしたものもいたであろう。彼らは、あるいは部族の本流とちがったルートやコースをえらんで散ったであろうし、長期間の放浪に疲れて、好意あるオアシスの異部族と共存するためにとどまった――定着し、混血・吸収されてしまった集団も出たであろう。

なかには南下してインド洋に出た部族もいたはずである。宮下文書によれば、陸路朝鮮半島までいたり、そこから日本列島に渡来した集団と海路をとって渡来した集団の二つがあったと考えられる。

したがって「神史略」の、ウガヤ王朝七三代「高千穂ニ千二百余年続ク」という記述は、マユツバとまでいかずとも、いささか検討の要があろう。私は、この一文は、この王朝がニニギ王朝のあった「高千穂」で初代のウガヤフキアエズが即位したという事実を強調、その高千穂を日向に比定することによって、漂泊の事実を隠蔽するために書かれたものと考えたい。

とにかく歴史時代に入ってからのことである。一カ所（高千穂）に千二百余年も続いた王朝なら、西域史や東洋史にその片鱗ぐらいは投影されていてもよいはずだ。それがまったくといってよいほど、形跡さえないとすれば、その王朝が一カ所に定住せず、たえず移動をくり返していたという以外に考えられない。

おそらく「高千穂」とは、九州・日向の高千穂峰そのものではなく、大陸の山岳高原地帯にあった、ウガヤ王朝初代の天皇が即位した火山山麓のことであり、彼らはその聖なる山への郷愁じみた記憶から、第二、第三の高千穂の峰を求めて漂泊を続け、日本列島に渡来したのであろう。

この「漂泊の王朝」のイメージを、もっとも端的に示してくれるのは、皮肉にも日本の神話ではなくして、シューマンが作曲した合唱曲「流浪《るろう》の民」(Zigeuneleben　ジプシーの生活)である。その歌詞（ガイベル作・名倉小三郎訳）にいう。

山毛欅《ぶな》の森の葉がくれに
宴《うたげ》ほがい賑《にぎ》わしや
松明《たいまつ》あかく照らしつつ
木の葉敷きて倨居《うつい》する
これぞ流浪の人の群
眼《まなこ》ひかり髪きよら
ニイルの水に浸されて
煌《きららきらら》々かがやけり
焚《たきび》かこみ
赤き焔囲《かこ》みて

男《おのこ》めぐりめぐり
　燃ゆる火を囲みつつ
　　強く猛《たけ》き男《おのこ》息《やす》らう
女《おみな》たちて忙しく
酒をくみてさしめぐる
唄いさわぐそがなかに
南の国恋うるあり
厄難《なやみ》はらう祈言《ねぎごと》を
語り告ぐる媼《おうな》あり
　　めぐし乙女舞い出でつ
　　松明あかく照りわたる
　　管弦のひびき賑わしく
　　つれ立ちて舞い遊ぶ
すでに歌い疲れてや
眠りをさそう夜の風
なれし故郷を放たれて
夢に楽土《らくど》をもとめたり

…………

この「ニイルの水」つまりナイル河を、他の河川名、たとえばイリ川でも、タリム川でもよい、さらにはアムール川でもウスリー川でも、それでよい。ジプシー男爵ならぬフキアエズ天皇《スメラミコト》の一団は、シルクロードを、東西に、また南北に漂泊の旅を続けたのである。

「契丹秘史」の語るウガヤ民族の移動ルート

私はいま、ウガヤ朝が彷徨・漂泊の王朝だったと述べた。彷徨とか漂泊というかジプシーじみて、ウガヤ天皇はジプシー男爵かということになるが、つまりは民族移動をいささか文学的に表現したものと考えていただきたい。

さて、ウガヤ民族の移動経路だが、私は大別して二つのルートがあったと考えている。一つは陸のシルクロードであり、他の一つは海のシルクロードである。つまり、ユーラシア大陸の中央部から日本列島にいたるルートとしてこの二つを考えるわけである。

陸のシルクロードについては、最近のシルクロード・ブームで多くの人々がNHK的あるいは松本清張的なイメージをもっている。私は、それがまったく誤りだというのではない、ただ、あのテレビのイメージからは、文物がらくだや馬の背に載って砂漠や草原を越え、それらの一部が遣唐使や留学生によって日本にもたらされた——それが奈良の正倉院だといった程度の認識しか出てこないのが不満なのだ。すなわち、あの映像からは、物資の運搬ルート、情報の伝達ルートとしてのシルクロード観しか抱けず、人間集団の移動ルートとしてのシルクロードのイメージがまったく出てきそうもないからである。

シルクロードは、まず人間の、民族の移動ルートであった。この砂漠と草原経由の民族移動については、東西の史家がそれぞれ書いているが、日本人の祖先の移動については、明治三八年（一九〇五）、日露戦争に従軍した主計将校浜名《はまな》寛祐《ひろすけ》が奉天（瀋陽）のラマ寺で発見した「契丹《きったん》秘史」が参考になる。

「契丹秘史」の原本と称されているものは、神話篇二〇章・歴史編二〇章・古頌など六章、計四六章から成るが、全文わずか三五〇〇字（オール漢字）の巻物である。

漢字で記されているが、漢文ではなく、契丹語を漢字で記録するという朝鮮の吏読《りと》や日本の万葉仮名と似た方式をとっている。

浜名は日露戦争終戦後約二〇年かかって、この三五〇〇字の解明に成功した。そして、『日《にっ》韓正宗溯源《かんせいそうさくげん》』（大正一五年）と題して出版した。この書名《タイトル》は、日本や韓国の皇室の出自やその系譜などが、この巻子によって明らかにされているということからの命名である。この文書はまた「神頌叙伝」とか「契丹古伝」「東族古伝」などともよばれているが、それは、浜名が発見した文書に題名《タイトル》などついていなかったため、研究者によってその内容に即して適宜につけられた結果である。

さて、それによると、日本は「秋洲《アキス》」と記され、「阿基氏末《アキシマ》」とよばれる。これは、「阿基毗《アキヒ》」（アキヒメ）を祖霊とするからである。

だが、この「阿基毗」を祖とする民族は、「阿斬《アキ》」「泱委《ワイ》」「淮委《ワイ》」「潢耳《ワニ》」「潘耶《ハンヤ》」などがある。そして、「契丹秘史」の「邪摩駘記《ヤマタイキ》」の筆者、塢須弗《ウスボツ》（宝亀四年＝七七三年渤海国使として来朝した烏須勃《ウスボツ》のこと）の観察によれば、当時（奈良時代）の日本国民は、この四つの民族から構成されていたという。

このうち阿斬《アキ》族は日本に渡来したアキヒ族のうちの最大勢力であり、「秦卒旦阿祺毗《シスナアキヒ》」ともいう。これを「契丹秘史」の研究者、高橋空山は「素率旦阿祺毗《ソスナアキヒ》」の誤伝であるとしているが、この高橋説によれば「素率旦《ソスナ》」は「素戔嗚《スサノオ》」と同一の名称となる。

つまりスサノオ（出雲王朝）系の諸民族が、中央アジアや中国大陸、あるいはシベリア南部経由で、日本列島に渡ってきたということになる。

なお、泱委《ワイ》族は韓民族であり、陽委《ヤイ》族は、殷《いん》や周《しゅう》を形成した有力民族、潢耳《ワニ》族も殷帝国を構成していた河南省の一族、潘耶《ハンヤ》族は貊倭《ハイ》族であり、扶余《ハイ》族、淮委《ワイ》族は濊《ワイ》族だと浜名は述べている。

これらの諸民族は、中国史では一応「塞外《さい》」の蛮族ということになっているが、かつては、中原《ちゅうげん》に覇をとなえたり、となえようとした強大な民族である。彼らは、やはり中央アジアからシルクロードを経て、中国にいたり、やがて、その一部が、間宮・宗谷・津軽海峡経由、あるいは朝鮮海峡経由、さらには北は沿海州から日本海を横断、南は江南から東シナ海を渡って、それぞれ日本列島に渡来したわけである。

それが八世紀のころは、ウスボツのような外国人使節から見れば、まだはっきりとそれぞれの民族的形状がうかがい知れたということだ。

ウガヤ朝の主体は、「契丹秘史」にいう阿祺《アキ》（其）族ということになるだろう。そして、彼らの日本列島渡来の時期は、それこそサミダレ的であったろうが、主力は前三〜二世紀ころと私は見ている。日本の考古学的歴史区分でいえば縄文晩期から弥生前期にあたるが、彼らによって日本の弥生文化が芽ばえたといってよいだろう（拙著『謎のシルクロード』参照）。

殷賑《いんしん》を極めた海のシルクロード

次に、海洋ルート、つまり海のシルクロードについて考えてみよう。

この海洋ルートの無視とまではいかなくとも、少なくとも軽視が、これまでのシルクロード観の第二の誤解である。らくだの背と帆船とのペイロードの差を考えただけでも、ケタちがいに船が有利である。たとえばアメリカから鉄鉱石を東京湾の君津コンビナートまで運ぶ船賃《フレート》と、その鉱石を東京から大宮までの陸上（鉄道）運賃とくらべた場合、どちらが安いかといえば、太平洋横断の船賃のほうが安いのである。

また、海上と陸上とでは危険度がちがうという人がいるかもしれない。だが、海に海賊がい

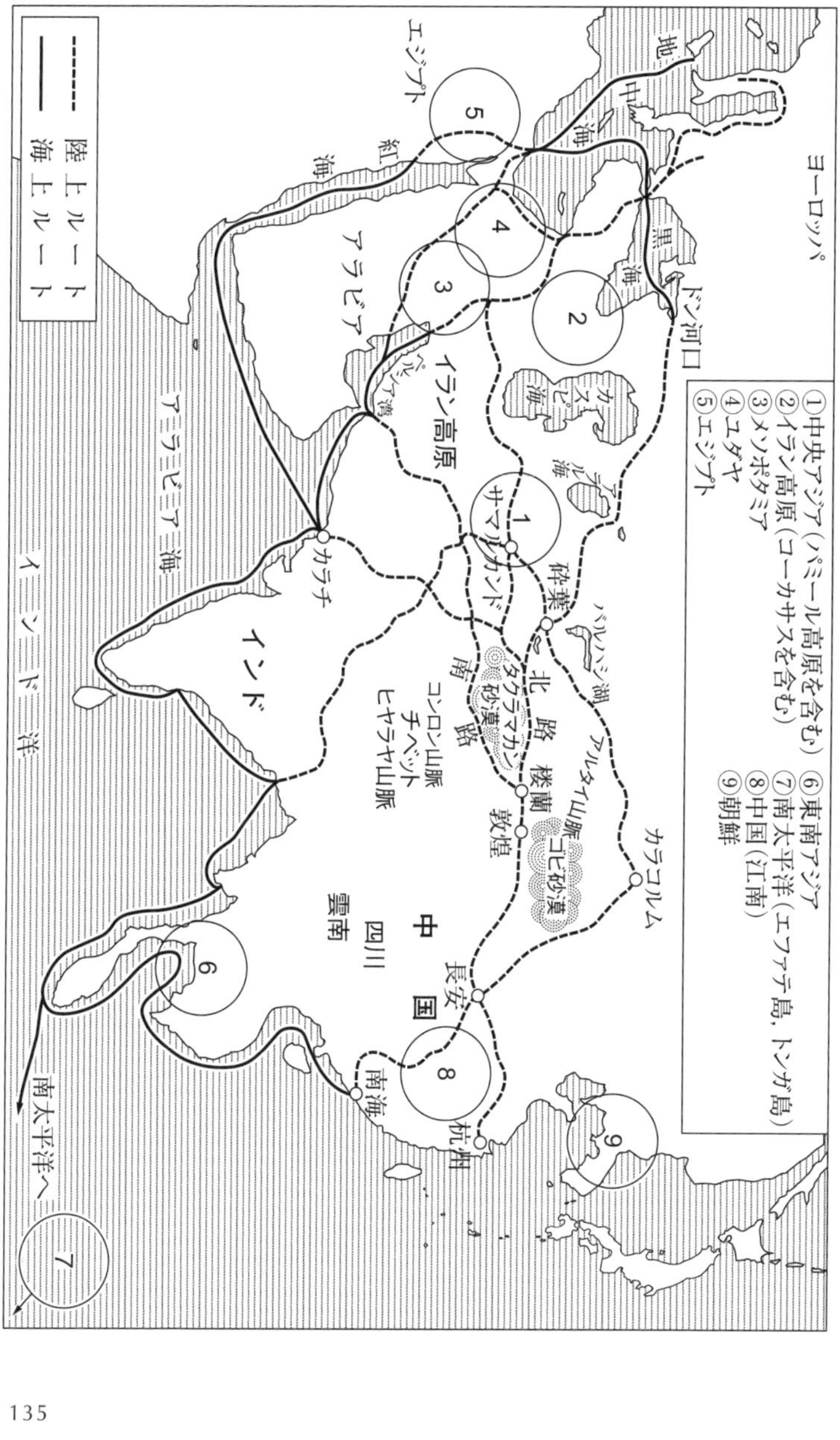
海陸のシルクロードと高千穂在外説
①中央アジア（パミール高原を含む）
②イラン高原（コーカサスを含む）
③メソポタミア
④ユダヤ
⑤エジプト
⑥東南アジア
⑦南太平洋（エファテ島，トンガ島）
⑧中国（江南）
⑨朝鮮
陸上ルート
海上ルート
ヨーロッパ
地中海
黒海
ドン河口
カスピ海
アラル海
エジプト
紅海
アラビア
イラン高原
ペルシア湾
アラビア海
インド洋
カラチ
インド
サマルカンド
砕葉
バルハシ湖
アルタイ山脈
カラコルム
ゴビ砂漠
タクラマカン砂漠
北路
南路
楼蘭
敦煌
コンロン山脈
チベット
ヒマラヤ山脈
中国
四川
雲南
長安
南海
杭州
南太平洋へ

れば陸には山賊がいる。海に暴風雨が吹けば、砂漠にも砂嵐や竜巻がある。となれば、大量の物資や人間を運べる船のほうがやはり有利ということになろう。

事実、シルクロードの旅行者のなかには、海陸を使いわけるケースが少なくなかった。孫悟空らを護衛として天竺におもむいた三蔵法師と前後して、やはり仏典収集と研究のためにインドに行った義浄《ぎじょう》はこのケースであった。

また、サラセン商人は往復とも海路を利用していた。陸路を利用していたのはユダヤ商人だったことを、かつて在京のユダヤ教のラビ、トケイヤー氏がその著書に詳しく述べている（箱崎総一訳『ユダヤと日本　謎の古代史』）。

この事情は紀元前においても同じである。

陸のシルクロードの場合については、「歴史の父」ヘロドトス（前四八四〜前四二五ころ）も記しているように、黒海沿岸からシベリア方面にまで、毛皮と金を求めるためのルートが開かれていた。

また、金属文化伝播の神話（「小さ子」伝説）の分布が旧石器時代にまでさかのぼることからしても、ユーラシア大陸の東西を結ぶルートの歴史はきわめて古いことが知られている。

海路は、旧石器時代のことはわからないが、古代メソポタミアやエジプトの航海者、その後継者であるインダス（モヘンジョダロ）の航海者、さらにはフェニキア人という、いわゆる「古代航海民《エンシエント・マリナーズ》」によって開発されていた。

当初はオリエントとインダス河口の貴金石交易、それからセイロン（スリランカ）の真珠、インド半島の宝石、象牙、孔雀の羽根など、そしてマライ周辺の珍しい猿などが、黄金と奴隷以外の交易品目となった。

日神崇拝、巨石文化、蛇神信仰などは、これらの交易船によってインド以東にもたらされたものである。

これらの「古代航海民」のなかでも、エジプトの船団の影響は、世界各地の造船に多大の影響を与えている。世界の古代船の主要部位――マスト・帆・舵などの形体や位置には、エジプト海人の知恵が投影されている。航海技術では、フェニキア人がとくにすぐれ、その名声は、舟乗りの指針である北極星が、「フェニキアの星」とよばれていたことからもわかるように、大きなものがあった。

フェニキア人は旧約聖書の時代以前から、紅海や地中海だけでなく、大西洋まで乗り出していた。また、ソロモン王の栄華を物質的に支えたソロモンの交易船団――タルシシ船とよばれる――に乗り組み、インドから東南アジア、さらには太平洋海域にまで進出していた。インドネシアのボルネオには、ソロモン王の商館があって、東洋や南洋の珍奇な財貨を取り扱っていたのである。

彼らは黄金や象牙や孔雀の羽根以外に、真珠をソロモンの宮殿にもたらしていた。この真珠《パール》探索者《シーカー》の開いた航路を利用して、ウガヤ民族の相当部分が日本列島に渡来したということは、大いにありうることだ。

ウガヤ民族はフェニキア系か？

「海のシルクロード」を考えた場合、ウガヤ民族を構成していた人々は、フェニキア系ではないかという疑問をもつ読者もいるだろう。私は、その疑問は基本的に正しいと思っている。

だが、それを直接立証する証拠はない。日本側の史料は、記紀をはじめ、ほとんどウガヤ朝一代で、それこそ高千穂王朝の最終の支配者をウガヤフキアエズノミコトとしているのだから、フェニキアの「フ」の字も出てきはしない。一方、フェニキア人は、自分たちの歴史をみごとなまでに隠蔽した民族として有名なのだ。

フェニキア人は、古代セム語系の通商航海民族として知られ、地中海東岸中部に商業都市国家群を建設した。彼らは前一三世紀半ばころから地中海で活躍し、各地に植民都市を築いた。のちローマと対決して滅亡したカルタゴはその代表的な都市だ。彼らの航跡が地中海にとどまらず、インド洋・大西洋、さらに太平洋に及んでいたことはよく知られている。アメリカ大陸の発見者は、コロンブスでも、ヴァイキングでもなく、フェニキア人だったことは、バリー・フェルの『紀元前のアメリカ』（草思社）を読めば、それこそ疑問の余地はない。

ただ、彼らが、世界航路の秘密（独占）を守るため、ほとんど記録（文書）を残さなかったことが、古代史に多くの謎をもたらしたわけである。

通商民族フェニキア人が後世に残した最大の遺産、それがアルファベットである。フェニキア文字、つまり二二字の子音からなる表音文字は、前一五世紀以前に成立したといわれている。その起源はシナイ文字（前一八～一五世紀）といわれているが、インドや中央アジアの文字はすべてこのフェニキア文字を母体としている。

ということは、フェニキア人は、海以外のルートをも使用して通商していたということである。つまり、シルクロードの支配者は、ユダヤ人というよりもフェニキア人であった時代があったということである。

もちろん、ユダヤ人もフェニキア人も、セム語系の人種であって、もとは同じといえなくもない。となれば、やはりシルクロードの商業的覇者をユダヤ人と見るM・トケイヤー氏の見解は、氏の愛国心に免じて認めてもよいということになろう。

九鬼文書にもどろう。セム語系の人種は、白人根国の人々であった。したがって、出雲王朝から権力を奪取した高千穂王朝の後期の、ウガヤ朝を構成していた人々も、一応フェニキア系と見てよい。つまり「契丹秘史」でいうアキヒ族は、フェニキア系というよりも、フェニキア人もアキヒ族の一分枝であったと私は見ている。

彼らは、せっかく中津国の支配者の地位を手にしたものの、その威信は、オオクニヌシ王朝にはまったく及ばなかった。それどころか、大洪水後の文明崩壊期にあたっていたことから、その政権もきわめて地方《ローカル》的な、部分的なものであった。

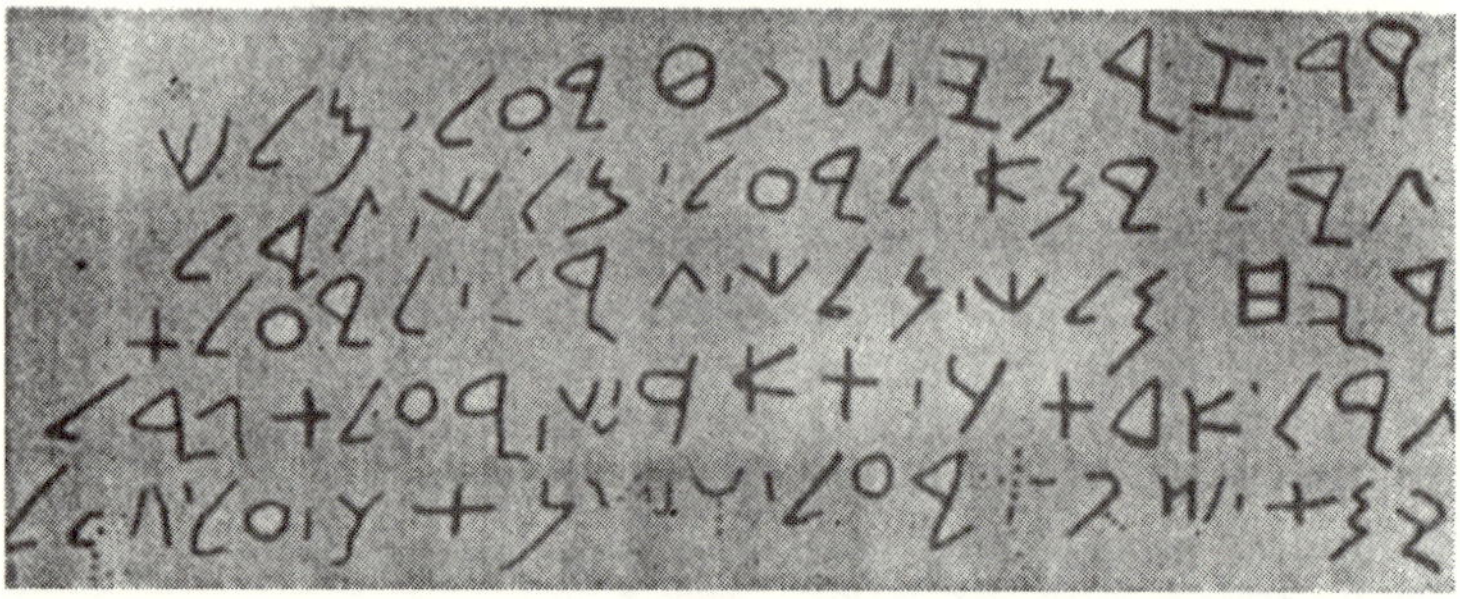

フェニキア人の発明したアルファベット

フェニキア人は古代の代表的航海民族だった

加えて、そのオリエントの地は、ユーラシア大陸を席巻しはじめた騎馬系諸民族によって略奪の目標とさえなってきた。彼らは、その難を避けて、漂泊の旅に出ざるをえなかったのである。

だが、その漂泊の旅に参加せず、ちがった生き方をえらぶ人々も多かったはずだ。そうした人々は、その生活を騎馬系民族の暴威の及びにくい海洋に求めたということは十分にありうる。草原と流砂のなかを漂った一団は、過去の栄光を忘れかねた人々だったのだろう。ウガヤ朝はこの人々によって支えられていたのである。

なお、ウガヤ朝がフェニキア系であることを示す資料に、神代文字がある。ある種の神代文字がフェニキア——インド系のものであることは歴然としている（拙著『謎の神代文字』参照）。これらの文字は、ウガヤ朝の末期に日本列島に渡来し、九州を中心に使用されていたものだ。

だが、これらの文字も、日本列島と大陸国家との交渉がはじまるにつれて、次第に漢字にとって代わられる。たとえば卑弥呼《ヒミコ》の時代の外交文書は、もちろん漢字だった。そして、この卑弥呼の邪馬台国は、ウガヤ朝とは別のコースをたどって日本列島に渡来した人々の後裔のものであった。

九鬼文書は海洋系ウガヤ民族の伝承

九鬼文書は、私たちの祖先の日本列島への大移動について黙して語らない。この異様な沈黙は何を物語るのか。それは、この文書の、該当部分が物理的に失われたということである。

そこで、この文書の空白の伝承を埋めるのが、竹内文書であり、宮下文書、さらには契丹文書ということになる。

私は、かつて『謎の竹内文書』や『謎の神代文字』を書いていたとき、竹内文書がきわめて海洋性の濃い伝承であると感じていた。次いで『謎の東日流《ツガル》外三郡誌』では、日本列島の先住民の海洋性をさらに痛く感じた。また『謎のシルクロード』で、宮下文書と契丹文書にふれたときは、この二書が竹内文書とは対照的に、陸のシルクロード、草原と砂漠の漂泊の叙事詩だと感じとった。

いま、本書を書くにあたって、九鬼文書を読み返したときに感じたのは、この文書も竹内文書と同じく、本来は海洋的なものだったのではないかということだった。

その根拠の一つは、端的にいえば、本章の主題であるウガヤ朝についての記述が、あまりにも簡単なものだったからである。すなわち、「神代系譜」にも「御神略」にも、この七三代の王朝については「七十三代一千二百余年」「七十三代高千穂二千二百余年続ク」というように、きわめて簡単にしか伝えていない。

この事実は、九鬼文書の伝承を日本列島にもたらした人々にとっては、大陸でのウガヤ朝についての情報が稀薄だったということを意味している。すなわち、彼らは、大陸のウガヤ朝の存在について聴いたこと、聴かされたことがあっても、その実体についてはほとんど知ることがなかったのである。

いいかえれば、九鬼文書の伝承をもって渡ってきた集団は、はやくからウガヤ朝との連絡がとだえた人々であり、それは陸路ではなく海路を主としてとった人々であったのである。したがって、彼らは、かつて自分たちが属していたウガヤ朝というものがあったという程度の記憶は、おぼろげながらもっていたろう。だが、それが七三代続いたという情報は、おそらく日本列島に渡来後、宮下文書の伝承をもって渡ってきた千二百余年まえの仲間から得たものだったのかもしれない。

千二百余年にわたり、大陸の各所を漂泊《さまよ》っていた王朝。おそらくその集団と途中、分離して異なったコースをたどった彼らは、その七三代の期間の出来事などと、まったく無関係に生きていたわけである。

彼らは、アフガニスタンから、ネパール、アッサム、インドシナ、雲南、そして南シナ海を沿岸伝いに北上したり、あるいはベンガル湾からマライ、インドネシアを経て、ルソン沖から黒潮にのったり、いろいろなコースをとったにちがいない。とにかく彼らにも千二百余年が経過したのだから、その途中下車の時間は十分にあったはずだ。

その途中下車ないし停車のうちでも、照葉樹林帯での停車時間が相当長かったのではないかと私は考えている。とすれば、大陸のどこかをさまよっているか知りようもないウガヤ王朝についての関心など薄れるのも当然である。

このように考えれば、陸のシルクロード系の宮下文書がウガヤ朝各代の年代記《クロニクル》を載せている理由も納得できるというものだ。だが、ここで一つの疑問もおこる。それは、同じ海洋性の伝承である竹内文書の場合はどうか、つまり竹内文書には、ウガヤ朝歴代についても比較的詳しく記されているのではないか、ということである。

竹内文書の場合、ウガヤ朝時代の記述で注目に価するのは、ミヨイ・タミアラの海没とか、だいたい大異変関係のものだけである。宮下文書にくらべ歴代記録としては不完全であることは否めない。また、このウガヤ時代の期間が、歴史時代としては不自然に長すぎる（！）点も問題である。したがって、ウガヤ朝史としては、竹内文書よりも宮下文書のほうが、より信憑性が濃いというべきだろう。

それにしても、やはり疑問が残る。それは「九鬼」民族が日本に渡ってから「宮下」民族と接触したはずであり、そのさい、ウガヤ朝については、やはり「竹内」民族と同じく詳しい情報を得たはずである。にもかかわらず、その記述がなぜ欠落しているかという疑問である。また、もともと海洋性文書だった九鬼文書から潮の匂いを消し去ったのはだれか？　それらの疑問については、本章の終わりで改めて考えてみたいと思う。

ウガヤ王朝は約束の地に到着後、断絶した

「皇紀二万九千百九十八年甲寅十月
五瀬天皇《イツセノスメラミコト》ハ皇弟日高佐野彦《ヒダカサノヒコ》尊ト共ニ舟帥《シュウスイ》ヲ率イ皇都日向ノ高千穂宮ヲ発シ給イ摂河《セッカ》ノ国境
ニ入リ給フ時二万九千二百二年ノ秋也」

これが九鬼文書の「天地言文《アメツチコトフミ》」（地乃巻）にある「神武紀元記録」の書き出しである。五瀬天皇などという天皇は皇統譜に載っていないが、この天皇は記紀にある神武天皇（神《カン》倭磐余彦《ヤマトイワレヒコ》尊、またの名、狭野《サノ》尊）の同母兄の五瀬尊のことである。このミコトは、神武東征のさい、畿内への上陸作戦に失敗し、負傷、海上で死亡したと伝えられている。

だが、九鬼文書では、このミコトが天皇《スメラミコト》として水軍を率いて、それまでの皇都《スメラミヤコ》だった日向《ヒムカ》の高千穂宮を出発して東征の途についたという。

前にも書いたが、私は、この「日向」の「高千穂」という地名は、現在の南九州の高千穂宮のことではなく、もっとちがった場所の名称ではなかったかと思っている。だいたい、その名称は、もともと太陽が海上から昇るのを見れる国の、高い山麓の高原という意味の普通名詞だったのだ。

つまり、ウガヤ朝が長い大陸漂泊の末、ある地点にたどりつき、しばらく定着したが、周囲

の政治的状況の変化から、さらに移動しなければならなくなった……。その「定着」していた地方（「ある地点」）が、海に東面し、背後に高い山々をひかえていた……というわけである。

したがって、この「日向」の「高千穂」に該当する地点は、いくつもあったと私には考えられる。たとえば朝鮮半島南部にもあったかもしれないし、中国の遼東半島や山東半島にもあったかもしれない。東南アジア――インドシナ半島、あるいはインドのベンガル湾に臨んだ地域、さらには遠くアラビア半島にも、この名称に該当する場所を求めることができるだろう。

それは、ウガヤ王朝（民族）が「乳と蜜との流れる」平和郷を求めて千二百余年の漂泊の末、最終的に海を渡って旅立った地点である。私は、その地が朝鮮半島の南部か、遼東半島だったという可能性が高いと見ている。

さて、この最終的出発地としての「日向」の「高千穂」基地から海上を東に向かったウガヤ集団は、日本列島に到着したとき、先住民から烈しい抵抗を受けた。その抵抗した先住民といっても、もともとは同族だったのだろうが、いずれの側も、それぞれ他の部族と混血し、文化も相当ちがっていたろうから、ある程度の衝突・紛争がおこるのはやむをえなかったといえる。

ウガヤ軍団は、畿内への進行を志したものの、大阪湾の敵前上陸に失敗して最高指導者であるイツセノミコトこと五瀬天皇が戦傷死した。そこで皇弟のサノノミコトが指導者となって、抵抗の薄い南部――熊野に上陸、原住民の小さな抵抗を排除しながら紀伊山塊を縦断して、畿内の抵抗勢力の主力、ナガスネヒコ軍を背後から攻撃して、どうにか大和盆地を制圧するのに成功したということになる。また、その戦勝の原因の一つに、ナガスネヒコの妹と結婚していた神武の同族で、さきにこの列島に渡来していた邇藝速日命《ニギハヤヒ》や、その一族の内応があったことを記紀は伝えている。

サノノミコトは、大和の橿原《かしはら》で即位し、神武天皇となった。九鬼文書では、神武天皇をウガヤ朝七三代天皇と同時に、カンヤマトイワレ朝（神武天皇時代）の初代天皇としている。ということは、ウガヤ朝は、五瀬天皇で断絶したことを示唆している。私は、サノノミコトがイツセノミコトの弟だったというのは、神武王朝の正統性をアピールするための後世の作為ではなかったかと考えている。

すなわち、『日本書紀』によれば、イツセノミコト戦傷死に次いで、やはり皇兄のイナヒノミコト、ミケイリノミコトの二人が連続して溺死している。このように、ウガヤ朝の皇位継承権保持者が三人、全部死んでしまうということは、神武天皇ことサノノミコトにとって、都合がよすぎはしないかという疑問に私たちを導く。

次に、サノノミコトがかりに四番目の皇位継承者だったとしたら、彼は即位と同時に、それこそウガヤ朝七三代天皇を名乗るはずである。それが、自分を初代とする王朝をたてたということは、この三人の皇位継承者の死亡によって、ウガヤ朝が断絶したことの証明でなくして何であろう。

千二百余年の放浪の王朝が、ようやくその安住の地にたどりつこうとした寸前、この王朝が断絶したというのは、歴史の女神クリオの皮肉以外の何物でもあるまい。だが、日本列島は、この神武天皇と後世称される人物の率いる侵入者によって、弥生文化がもたらされることとなる。

神武王朝をめぐるいくつかの謎

「天地言文」（地乃巻）の神武王朝の系譜は、ほぼ記紀と同じであるが、その年代記録《クロニクル》には、二、三注目すべき伝承が記されているので紹介してみたい。

まず第一〇代崇神天皇。この天皇、つまりミマキイリヒコイニエは騎馬民族説では、日本列島の征服王朝の始祖とされている問題の人物であるが、この天皇の条に

「任那《ミマナ》漢字ヲ携《タズサ》ヘ来リ是《コレ》ヲ献《タテマツ》ル　此事《コノコト》アリテヨリ我国ニ始テ漢字伝ル」

とある。

ふつう漢字は第一五代応神天皇の代に伝わったとされている。ちなみに、この天皇も、騎馬民族説の文脈から神武天皇にあてている研究者もいる。すなわち、崇神（ミマキイリヒコ）が任那《ミマナ》から騎馬軍団を率いて渡来して九州に橋頭堡を設け、実力を貯えてから応神の代に畿内に向けての東遷を開始したという説である。

したがって、崇神にしても応神にしても、その本拠が朝鮮半島にあったとすれば、漢字をもってきたとしても不思議はない。征服王朝建設者のスタッフが、文盲《もんもう》ばかりだったとは、常識的に見ても考えられないからである。それだけに、崇神天皇の代まで漢字渡来の上限をあげること自体はあやまりではない。ただし、私の見解では、崇神よりもさらに古い、三世紀の邪馬台国の女王卑弥呼のスタッフのなかにも漢字をマスターした人間がいたはずだと考えている。そうでもなければ、中国との外交文書の作成など出来ないことになるはずだから。

ただ、ここで「漢字伝来」をとくにとりあげたのは、漢字伝来＝神代文字抹殺という公式（古史古伝研究者の）があるからである。これを、私は神代の万国史抹殺の第一段階と見るというよりも、神武王朝はこの崇神ないし応神の前代で断絶していたと見るべきかもしれない。

次に、第一四代仲哀天皇の皇后——神功《じんぐう》皇后として有名——が「摂政」時代に、

「武内宿禰ニ勅命　皇史及ビ万国ノ史文ヲ編セシメ給フ」

という記事である。

おそらく、この武（竹）内宿禰が編さんした「万国の史文」が竹内文書（『神代の万国史』）の原型だったと思われるが、竹内文書の成立については、これとは異なった説を「天地言文」では伝えている（一五六ページ参照）。

ここで問題は、征服王朝の応神天皇の生母とされる神功皇后が、なぜ「皇史」や「万国の史文」の編さんを宰相格の重臣、武内宿禰に命じたかということである。

これは、彼女の知的好奇心からだったのだろうか。それとも将来、破棄抹殺するために「皇史」や「万国ノ史文」の史料を一カ所にまとめておこうとしたのだろうか？　だが、この「皇史」と「万国ノ史文」は、十数代あとの用明天皇のときまで存在したというのだから、神功皇后自身は、そこまでは考えていなかったであろう。おそらく、九鬼文書や竹内文書にうかがえるような、ウガヤ朝のあとをうけて神武王朝が、握っていたはるかな上古以来の歴史について、新規の統治者として一通り把握しておきたかったこと。さらに、これらの史料を自分の手もとに保管しておくことが統治上有利と考えたからのことだったのだろう。

第三に、第二六代継体天皇即位のとき、唐土（中国）から

「司馬達《シバタツ》ト云ヘル者　仏像ヲ携ヘ来リ献ズ　是《コレ》仏教ノ先駆也」

とある。

この仏教の伝来の伝承も、『日本書紀』とはだいぶちがっている。書紀によれば、第二九代欽明天皇のとき、百済王が「仏像及び経論」を献じたのが、仏教伝来のはじめだという。「天地言文」には、この書紀の記事を裏書きするように、欽明天皇のとき仏像と仏教典が献じられ、

その採否をめぐって天皇が諸臣を召して諮られたとある。

だが、これは仏教信仰が、ようやく社会的・政治的問題となったのが欽明天皇のときだったということではないだろうか。

もともと、この継体天皇というのも、問題の天皇で、崇神――応神系の皇統が、武烈天皇で絶えたとき、宰相格の大伴金村《オオトモノカナムラ》によって若狭地方の首長から天皇に擁立されたという人物である。したがって、この天皇の時代に、何がおこったかは、あいまいな点が多い。

一方、司馬達《シバタツ》（等《ト》）は、生没年不詳の帰化人で、仏教伝来のころ活躍した人物とされている。『扶桑《ふそう》略記』によれば、五二二年来朝とあるから、継体朝だったのかもしれない。

なにせ、当時は継体天皇とならんで、宣化・欽明朝が併立していたのではないかとさえいわれているのだから、詳しいことはわからない。ただ、漢字渡来といい、歴史編さんといい、仏教伝来といった古代の文化大革命の種子となるべきものが、九鬼文書の伝承では、いずれも問題の天皇とからんでいる点が注目される。

邪馬台国はウガヤ民族の海市連合国家

九鬼文書の伝承には、邪馬台国《ヤマタイ》は出てこない。ウガヤ朝のあとを継いだカンヤマト朝（いわゆる神武朝）よりも、率直にいって客観性のある三世紀の邪馬台国が出てこないのは、どういうわけか。また、カンヤマト朝と邪馬台国との関係は？　といった疑問がどうしても出てくる。

たしかに邪馬台国は実在した。そして、それを構成した人々は、海のシルクロード系の倭人である。この倭人は、ウガヤ朝が大陸を漂泊していたとき、海に生きることを求めて、かつてフェニキア系の海人が開拓した海路をたどって日本列島を結果的にはめざして東南アジア海域から北上、極東多島海ともいうべき沖縄・九州・五島列島・壱岐・対馬、さらに朝鮮半島南部や済州島付近の海域に移動していた。

そして、九州から朝鮮半島南部にかけて、いくつかの海市（港市）を根拠に、独自の国造りを行なっていた。その海市連合が邪馬台連合である。

彼ら海に生きる人々は、農耕民や牧畜民とはちがい、国土の面積《スペース》など問題にしなかった。せいぜい海市の背後に、最低限の農作地をもつ程度で、あとは交易によって生活していればよいのだから。

彼らは、すでに漢代から中国人に知られていた。それは彼らが交易を求めて、中国と交渉をもっていたからである。やがて三世紀に卑弥呼《ヒミコ》が邪馬台連合の指導的シャーマンに選出された。

神武天皇と称される指導者によって率いられる集団と、この邪馬台連合とは、その生きる場がちがっていた。一方は陸に、一方は海にと、それぞれ住み分けることになったのである。したがって、邪馬台連合は、神武集団の日本列島進出についても、彼らが自分たちの生命線である極東多島海域の制海権を侵さないかぎり、寛大だった。むしろ日本の内陸部が神武集団の渡来によって文化的刺激を受け、統一されはじめることを、市場の拡大とみていたのではないか。

だが、畿内の神武政権の力が強大化して、自分たちの陸地の領域をも併呑しそうになったとき、邪馬台連合の後身である九州王朝は、激しく抵抗した。海幸彦と山幸彦の抗争神話は、陸と海との住み分け状態、つまり、平和共存が崩れはじめたことを示す。また、景行天皇の西征説話は、平和共存が武力対決に代わったことを示す。

もちろんこれは、「海の民」である邪馬台系の人々と平和共存していた「山の民」が、カンヤマト朝以降の畿内古代天皇勢力によって征服されてからの出来事であろう。

それでも対外的に、日本列島を代表していたのは、邪馬台系の人々（倭人）の国家「倭」であった。九州王朝は、隋や唐に対しても、その独立性を貫きとおそうとしていた。だが、この九州王朝は、唐と新羅《しらぎ》の連合軍の朝鮮半島制圧に対して、百済《くだら》と同盟して戦って敗北したとき（六六三年、白村江の海戦での敗北）、滅亡した（拙著『邪馬臺国抹殺の謎』新国民社参照）。

畿内のいわゆる大和朝廷が、対外的に日本列島を代表するようになったわけである。おそらく、もともとの九鬼文書には、この邪馬台系の王朝についても記されていたかもしれない。ただ、対唐・新羅戦敗北後に成立した新王朝は、九州王朝関係の史料を抹殺してしまっただけのことである。

それが、九鬼文書から九州王朝関係の情報が脱落した理由である。古代にかぎらず、敗戦・敗北による焚書《ふんしょ》は常識である。焚書後、新しく、自分たちの支配の正統性を謳った歴史がつくられるわけだ。『古事記』も『日本書紀』も、その産物である。

次節で述べるように、九鬼文書は、少なくとも一度は焚書されたものである。それを、焼失をわずかに免れた写本をもとに復元しようとしても、限界があるということだ。また、その復元された文書を筆写して後世に伝えるわけだが、その筆写のさい、いわゆる反体制的な情報をどこまで、もとのままに筆録できたかという問題もある。

九鬼文書だけでなく、竹内文書、宮下文書、上記《ウエツフミ》など、古史古伝には、この三世紀の日本列島の邪馬台国についての記述が、みごとなまでに欠落している。それがまた、これらの文書の史料的価値を大きく減殺していることは否定できない。なぜ、欠落しているのか、あるいは欠落させたのか。その点もまた、古史古伝の謎といってよいだろう。

九鬼文書の伝える「古史古伝焚書事件」

九鬼文書の歴史時代に入ってからのハイライトは、何といっても「天地言文《アメツチコトフミ》」(地乃巻)の用明天皇の条の記述であろう。これは日本の古代史の真相を知るうえで、もっとも重要なトピックであると思われるから、全文を引用しておこう。

三十一代　用明天皇　橘豊日尊

皇后　　穴穂部間人皇女

欽明第四皇子、神武一千二百四十六年正月即位、大和国城上郡磐余地辺宮ニ坐《イマ》セリ。

仏教大ニ行ハルモ、神祇ノ為ニ未ダ是ヲ排スル者多ク、用命二年正月七日夜皇子厩戸《ウマヤド》御子ハ蘇我馬子等ト相謀リ、仏教ヲ広布成サン為ニ密カニ軍兵ヲ催シ、守屋並ビニ屋智麿ノ一族ヲ共ニ亡ボシ、神祇殿に火ヲ放チ、多クノ神典・宝物ヲ焼キ捨テタリ。

此ノ事有リテヨリ神典・皇紀ヲ始メ、萬国ノ記録、其ノ他天神祖宗ヨリ伝へ来シ数々ノ御宝・古文書等悉ク焼失セルニ至レリ。

天地初発神紀十萬三千四百五十一年、皇紀三萬九百六十四年ニ亘ル天地ノ言文記録モ遂ニ不明トナル。悲ムベシ。

茲ニ厩戸皇子天地言文記録ノ焼失セルヲ以テ、仏教ノ発生ニ重キヲ置キ、国体ヲ改題シ、天皇紀及ビ国記ヲ編セルモ、之皆文意嘘《ウソ》誌《シルス》也。

天地言文記録ノ写本ハ守屋ノ一族、大中臣ノ一族、春日ノ一族、越前武内ノ一族（武内宿禰ノ一族ヲ云フナリ）各保存ス。

曰原文秘録数々ノ宝物・古文書ヲ天津祖神ノ大神、崇神ノ御代迄……西北二丁ノ……ニ……セリ。

（亦場所等ハ代々言伝へ残シアルモ有無ノ真偽不明トス。）

すなわち、仏教の受容をめぐって、物部《モノノベ》・中臣《ナカトミ》連合対蘇我《ソガ》・厩戸皇子《ウマヤドノミコ》（聖徳太子）連合の政争が、武闘に発展し、物部守屋邸宅が焼討ちされた。そのとき「神典・皇紀」や「万国ノ記録」などがすべて焼失した。その後、聖徳太子は仏教的国体観にもとづいた「天皇紀及ビ国記」を編さんしたが、それはすべて嘘《うそ》だらけのものである、という重大な暴露記事なのだ。

だが、焼かれた「天地言文《アメツチコトフミ》記録写本」は、物部守屋の一族、大中臣の一族、春日《かすが》の一族、さらに越前（これは「越中」の誤写か）武内の一族によって保存されたというのである。

まさに驚くべき内容である。この内容はまた、「神史略」の「天津皇祇大中臣没落事記」（大《オオ》中臣《ナカトミ》牟知《ムチ》麻呂《マロ》の手記）によっても裏付けられている。

牟知麻呂の手記によると、物部守屋は東北（秋田）に逃れ、牟知麻呂は妹らと共に科野《シナノ》の洲《ス》波《ワ》湖畔の山中に逃れたという。

秋田に逃れた物部一族（このことは『東日流外三郡誌』にも記されている）の写本が、守屋の子那加世《ナカヨ》の六〇代の当主物部長照氏が秘蔵されている物部文書であろう。また、越中の武内一族が保管していた写本は、おそらく竹（武）内宿禰が神功皇后に編さんを命じられた「万国ノ史文」のコピイで、現在の竹内文書（『神代の万国史』）の原型だったと思われる。

なお、春日一族というのは、「神史略」に出てくる中臣氏の祖神アメノコヤネの裔《すえ》アメノタネコの子、天豊春日《アメノトヨカスガ》命（九鬼家の祖とされる）の一族であろう。とすれば、現在の九鬼文書は、信州に逃れた大中臣牟知麻呂一族と、この春日一族とがそれぞれ所持していた写本が原型ということになる（ただし、吾郷清彦氏は、この春日文書を「三笠紀《ミカサフミ》」だろうとしている）。

だが、もう一つ気になるのは、現在の写本が九鬼文書の全部でないということである。すなわち、某所に依然として秘匿してあるらしいことを示唆する最後の一節が問題である。その某所については、吾郷清彦氏は、かつて『九鬼文書の研究』の著者三浦一郎が、その場所ははっきりしているが「都合に依って暫《しばら》く発表を差控えねばならない。それは何れ諸準備が完了した暁に相当の手続きを経て発掘に着手したい」と述べたといっている。

この三浦の話から、私が『謎の竹内文書』で、やはり竹内文書には現在公開されたもの（「天之巻」）以外に「地之巻」「人之巻」がまだ秘匿されている旨を記したことを思い起こされた人がいるかもしれない。

また、前節で記した三世紀の邪馬台国や、いわゆる「謎の四世紀」についての情報も、これらの文書の残存部分が発見され、公開されたらそこに見出されるのではないかという期待をもっている人もいるかもしれない。

「物部文書」継承儀式の意味するもの

戦後四〇年、言論・出版・信仰の自由は、かつての先進国とされた欧米諸国よりも広汎に認められている現在、これらの秘匿されているという古史古伝が、依然として日の目を見ないのはなぜなのか？

ある人は、それらの古史古伝は「種《タネ》切れ」であって存在しないというかもしれない。またある人は、天皇制の呪縛が依然として続いていることの証拠だと思うかもしれない。また、現在の時点で、それを公けにしても、どうせ偽書よばわりされるだけの話であるから、所有者はあえて世に出そうとは思っていないだろうと考える人もいるだろう。

いずれにせよ、古史古伝に見られる皇国史観的汚染をとり除くのは大仕事である。たとえば、前節で紹介した聖徳太子の焚書《ふんしょ》説にしても、それ自体いかにももっともらしいが、聖徳太子などという人物が架空の人物であったらどうなるだろうか？『隋書倭国伝』を見ればわかるように、当時、聖徳太子なる人物は中国使節の記録には出てこないのである。

となれば、用明天皇のときの崇仏派のクーデタもどの程度まで信憑性があるか大きな疑問である。これでは、古史古伝弾圧の責任を、聖徳太子という個人の政治的野心におしつけるイージーな手法と見做されかねない。

私は、やはり邪馬台国抹殺は、白村江敗戦後に成立した畿内政権の方針というよりも、戦勝国の唐・新羅の圧力だったと見たい。唐と新羅にとっては、白村江で危うく一敗地にまみれかねなかった九州王朝（邪馬台連合の後身）に対する恨みが、その圧力となったものと私には思える。

おそらく、占領軍の影響下で『古事記』『日本書紀』を作成するさい、九鬼文書はじめ古史古伝の筆写録も体制側に接収され、燃やされたであろう。その後古史古伝は、記紀の影響下に復元されたのである。したがって、九州王朝関係の記述は筆録者によって意識的にカットされたのである。

聖徳太子焚書説は、聖徳太子が記紀などの文献に登場してからの作為と考えたほうがよい。記紀でさえ、廃仏・崇仏論争で古代の史書の焼失を示唆している（聖徳太子の国記・天皇紀編さんという形で）のだから、それに便乗して、太子の焚書説を打ち出したというのが本当のことだろう。

だが、いずれの見解をとるにせよ、次のようなエピソードをあなたはどう受けとめるだろうか。それは、物部文書継承の儀式についての実話である。この聖徳太子に追われた一族の直系の子孫が神職をつとめる秋田の唐松神社では、数十年に一度、その文書継承の儀式が行なわれる。自分の天職の終わりを知った老いた神官（父）が、深夜白衣に身を包み、日夜精進潔斎《しょうじんけっさい》した白衣姿の後継者（子）に、錦の帛紗《ふくさ》をかけた文書を厳かに手渡す。それを受けた子はその表紙を一瞥しただけで、また神庫の奥深く仕舞いこむ。ただこの二人の挙措を見守っているのは樹齢数百年の老杉と北天の星だけである。この厳粛な儀礼が一〇〇〇年以上にわたってくり返されているという。ある意味で、これが日本古代史そのものなのかもしれない。

第五章

古代日本と「ユダヤの影」

古代日本とユダヤには交流があった

九鬼文書だけでなく、竹内文書や未公開の安倍文書にも、古代における日本とユダヤの交流が記されている。

竹内文書のもっとも代表的なケースは、「キリストは日本で死んだ」という説であろう。

戦前――昭和一二年（一九三七）、竹内文書の天津《あまつ》教が弾圧された時点で、竹内文書に則した破天荒ともいえるこの仮説を提示した山根キクの勇気は、古史古伝派の信念の強さと、古史古伝抹殺を志向したアカデミズム史学に対する不屈の闘志の象徴でもあった。

竹内文書によれば、カンヤマト期一一代垂仁天皇のとき、来日した一八歳のユダヤ青年が皇祖皇太神宮で足かけ五年修業し、天皇よりユダヤ国王の印授を受けて帰国、八十《ヤソ》教を説いたが、ローマ占領軍と頑迷なユダヤ教徒とユダの裏切りによって十字架にかけられた。

だが、十字架で死んだのは弟のイスキリであって、イエス自身は天皇との約束によって日本に再渡来、青森県八戸付近に上陸、八戸太郎天空と名乗って再修業し、世界各地に伝道に出、また日本にもどり、景行天皇（一二代天皇）即位一一年の一二月二五日、青森県の戸来《へらい》岳で没したという。

一方、安倍文書とは、遣唐留学生の秀才で玄宗皇帝にその才を愛され、唐朝の高官となって帰国せず、現地で客死した安倍仲麿の子孫に伝えられたという古文献である。未公開のため詳しくはわからないが、それを見せられた山根キクによると、キリスト（イエス）の祖先であるモーゼが日本に来たことが記されていたという。なお、このモーゼの来日については、竹内文書にも記されている（拙著『謎の竹内文書』参照）。

ちなみに、阿倍仲麿が在留していた長安は、大唐帝国の首都として、東ローマ帝国の首都コンスタンチノープルや、新興イスラム帝国の首都バグダッドを上回る世界最大の都市《コスモポリス》であった。それだけに、仲麿は、西域諸国よりの多くの来訪者や、シルクロードを往来するユダヤ商人やその習俗について実地に見聞、かつ接触する機会も少なくなかったはずである。とくに彼は高位の行政官でもあったから、一般の留学生や遣唐使節団員よりも、ユダヤ人やその宗教について具体的に知ることがはるかに多かったと考えてよい。ということは、安倍文書における古代の日本とユダヤとの交流についての情報は、きわめて信憑性が高いということである。

この、竹内・安倍両文書に記された、古代における日本とユダヤとの交流（関係）の伝承は、近代に入り、歴史学が科学として再出発する時点で、いく人かの研究者によって復活してきた。

明治二九年（一八九六）に書かれた竹越与三郎の、明治・大正・昭和の三代にわたるベストセラー『二千五百年史』には、フェニキア系のセム文明と、インド＝アーリア系の文明とが南島経由、古代日本列島に渡来したことを記している。

竹越は慎重に「フェニキア人」と表現しているが、フェニキア人とは旧約聖書のノアの子のセムの子孫であり、メソポタミア文明の担い手であり、古代最大の通商航海民族であり、広義

謎がいっぱいの諏訪大社（上社本宮）

のユダヤ人と見てよいだろう。

　また竹越は、平安京に新政権を樹てた桓武天皇が、仏教全盛の時代に、「上帝を祭り、燔祭《はんさい》を捧げ」た事例をあげ、その行為を、「東方アジアより天下に伝来せる燔祭の礼を用ゆというを見てはむしろユダヤ思想に近きたるを思わずんばあらず」と喝破している。

　燔祭とは、たしかにオリエント地方に起原する家畜を屠《ほう》って神に供える神聖な儀式であって、それはセム族的な宗教習俗である。なお、この家畜（ないし狩猟の獲物の動物）を屠殺して神に供える儀礼は、桓武天皇以前から行なわれていた。古代以来の神社である長野県の諏訪大社では、社家の神氏の正統を「大祝《おおほうり》」というが、この「祝《ほうり》」とは「屠《ほう》り」のことである。

そして、この諏訪大社は出雲系の神社であることを思えば、出雲系の人々は、古代ユダヤとまでは特定しなくとも、少なくともオリエントからインドに分布していた燔祭的宗教を信じていた集団といえる。

古代における日本とユダヤとの交流、いいかえれば、日本列島の古代史に散見するユダヤの影は、このように古史古伝以外にも見受けられるのである。

佐伯博士の秦氏《はた》＝ユダヤ人説

竹越与三郎は、政治家でもあったが、歴史に関心が強く、日本のマコーレーたることを自他ともに許していたという。マコーレーとは、ビクトリア女王時代の著名なイギリスの政治家であり史家である。その『英国史』は不朽の名著とされている。

竹越も代議士であり、陸奥宗光・西園寺公望の懐刀として活躍している一方、内外のぼう大な知識を背景に、東西交流の比較史観で『二千五百年史』や『南国記』などを書いた。だが、彼の主張は史学アカデミズム（水戸史学系）に入れられることとはならなかった。

それに対して、ここで紹介する佐伯好郎は、帝国学士院会員という、学者としては最高の地位にあり、しかも景教（ネストリウス派キリスト教）の研究では世界的権威で、「景教博士」といわれていた。それだけに、彼が明治四一年（一九〇八）『歴史地理』一月号に発表した論文「太秦（禹豆麻佐《うずまさ》）を論ず」は、学界に大きなショックを与えた。

しかし、そのショックも、景教博士の奇妙な「異説」として捨てさられ、学問的にそれをトレースする研究者は、アカデミズムからはついに出なかった。佐伯博士自身は、終生、その秦氏＝ユダヤ人説を捨てず、戦後の昭和三六年に「日本および三韓経由のキリスト教について」という論文を書き、自説を一段とエスカレートさせていた。

さて、この佐伯説であるが、それは「支那文明の性質如何は、上古の時代に於て其《そ》の影響を蒙《こうむ》りたる大日本帝国の文明史を論ぜんとするものの造次顛沛《ぞうじてんぱい》だにも忘却する能わざる一大事なりとす。然《しか》り而《しこう》して我帝国の指導者たりし支那は、漢、唐の時代に於て既《すで》に印度、シリア、パレスチナ地方と交通し、欧亜の文明が早く天山（山脈）の南北両路より流れて長安の地に注ぎ来たりしも亦《また》争うべからざる事実に属す」という前置きで展開される。

そして、彼は中国文学に出てくる「太秦《タイシン》」がローマ帝国ないしその属領のシリアであることを認め、神功皇后の「三韓征伐」が、日本と大陸に接触のはじまりであり、その子応神天皇の代に弓月《ゆずき》の君が一二七県二万五〇〇〇人の集団を率いて渡来、帰化し、秦氏となったこと、さらに秦氏が秦河勝の代に山城国（京都）の太秦村に太秦寺を建立したこと、その近くに大辟《オオサケ》神社があることなどから、秦氏の謎の解明をすすめる。

すなわち、秦氏は新羅人でも百済人でも中国人でもないことを『漢書』の「三韓」の記事から考証し、この「太秦」が「秦《しん》」（始皇帝の秦）ではなく、ローマないしその属領のシリアを意味する「太秦」であること、さらに大辟神社の「大辟」とは漢語のダビデ（ソロモン王の父）であり、またその神社の祭る「石」は、十二使徒のひとりペテロがローマ布教のさい「石」を据えた故実を模したものであること、また境内の井戸「伊佐良井《イサラエ》」が、中国でいう「一賜楽業」つまりイスラエルのことであることなどから、「禹豆麻佐」の「禹豆《ウズ》」はヘブライ語の「光」「東」「文化」「開化」の意、「麻佐《マサ》」は「貢物」「賜物」の意であると主張した。

また彼は、兵庫県の赤穂市坂越の大酒《オオサケ》神社の縁起——秦河勝（聖徳太子のスポンサーといわれた秦氏の統領で、当時の大富豪）が甕《かめ》のなかに入れられて生後川に流されたが、それが流れ流れて赤穂の坂越に漂着して秦氏の祖となった（河勝という名は、河に勝った＝川に流されたが、その試練にうち勝ったことからの命名）——に注目した。なぜなら、それが旧約聖書の出エジプト記二章の、モーゼが生後、葦の小舟にのせてナイル河に流されて、エジプトの王女がそれを拾いあげ、モーゼ（「水の中から引き出した」という意味）と名づけたことと、同工異曲であるからである。

佐伯博士の説は、結局、学界では葬られたが、民間に多くの同調者が生まれた。九鬼文書の研究家で『九鬼文書の研究』の著者である三浦一郎（筆名三村三郎）や、原始福音教会（「幕《ばく》屋《や》」）の主宰者手島郁郎師（テルアビブの乱射事件で逮捕された日本赤軍の岡村公三をキリスト教に改心させた人物）などは、その代表者といえる。また、この佐伯論文に刺激されて、日本とユダヤの交流を論じた太古代史の研究者も多い。

なお、秦氏＝ユダヤ人説については、本章の終わりで、佐伯説とは別の角度から再度論じてみたい。

西欧人の説く日本＝ユダヤ同祖論

日本古代史におけるユダヤの影を指摘するのは、日本人だけではない。西欧のジャパノロジストやその先駆者ともいえる学者のなかにもいた。

もっとも古いのは元禄三年（一六九〇）に来日したドイツの医学者であり博物学者であったエンゲルベルト・ケンペルである。彼は、オランダの東インド会社の医師として長崎の出島にきた。二年間日本に滞在し、各地を旅行し、日本の歴史や社会、政治、地理、風土などを研究し『日本誌』を著した。

この『日本誌』は、近世初期のキリシタン宣教師の日本研究に次ぐもので、西欧の人々の極東の不思議な国ジャパンに対する関心を大いに高めた。

さて、ケンペルは、言語の類似から、日本人の原郷をバビロニア、つまりオリエント地方に求めた。そして、日本民族は、疑いもなく、直接にバビロン諸国人の一部がこの日本列島に渡来したものにちがいないと説いた。つまり、彼は大正・昭和初期の日本バビロニア学会の高天原＝バビロン説の始祖にあたる。

彼のいうバビロン諸国というのは、フェニキア系の人々の国であり、より端的にいえばユダヤ人、それも伝説の「失われた十支族」の一部といってもよい。

日本人とユダヤ人は同祖か？　近代のユダヤ商人家族図

なお、ケンペルの『日本誌』は、幕末に蘭学者の坪井信道が抄訳して刊行したため、明治初期から一部の日本人には彼の説はよく知られていたはずである。

もう一人、江戸後期（文政六＝一八二三年）に来日したドイツ人の医師で博物学者のフィリップ・フランツ・フォン・シーボルトも、その著書『日本』で、日本民族の起原をオリエントに求め、日本＝ユダヤ同祖論を説いた。

このシーボルトも、やはりオランダの東インド会社に医師として入社し、長崎の出島のオランダ商館の付属医師として来日した学者である。博物学者といっても彼は、先輩のケンペルが気候（風土）に詳しかったのに対して、民族学に詳しかった。長崎市外の鳴滝で診療所兼学塾を開き、西洋医学と一般科学を高野長英ら多くの日本青年に教えたことはよく知られている。

　彼も五年の滞在中、日本の歴史、民俗、地理などに深い興味をもち、多くの資料を集め、また弟子たちにも論文を書かせ、多くの情報を入手した。そして日本関係の研究を出版し、ジャパノロジストとして第一人者となった。

　その彼が、日本人とユダヤ人の民族比較論から、同祖説を打ち出したことは、まず日本よりも欧米の東洋研究者に大きな衝撃を与えた。以後、幕末から明治初期にかけて来日した宣教師や通信記者、商社マン（貿易商）などから、日本＝ユダヤ同祖論的研究が続出した。

　M・トケイヤー氏（ユダヤ教のラビで『ユダヤと日本　謎の古代史』の著者）がその根拠の一つとした『日本古代の縮図』の著者のイギリス人貿易商マックレオド（N. McLeod）もその一人であったし、竹越与三郎が引用しているフランス人ルジャンドルの『世界人類一系論』、アメリカ人の大学教授ジョセイドンの『上古における宗教思想の領布』もそうである。また神田孝一の『歴史の裏側』に紹介されている日本の皇室とイギリスの王室の先祖がそれぞれユダヤ系であることをつきとめたゴルドンもその一人といえる。

　それらの人々以外にも『世界的研究に基づける日本太古史』の著者木村鷹太郎、『日本及日本国民之起原』の著者小谷部全一郎、『モーゼの裏十戒』『太古日本のピラミッド』『天孫民族と神撰民族』などの著者酒井勝軍らによると、アメリカやカナダ系の宣教師にも、日本＝ユダヤ同祖（同系）論者が何人もいた。

比較的最近では、さきにふれたM・トケイヤー氏も、古代における日本ユダヤ交流説に肯定的である。とくにトケイヤー氏の研究で注目されるのは、一九〇一（明治三四）年にニューヨークで刊行された英文の『ユダヤ大百科事典』や、その後に刊行された『ユニバーサル・ユダヤ百科事典』に、前掲マックレオドの日本＝ユダヤ同祖論の引用文が収録されているという事実であろう。しかも、トケイヤー氏によれば、当時、マックレオドの著書はユダヤ人学者のあいだで徹底的に検討されたが、その日本人＝ユダヤ人説を否定することがついにできなかったという。

それだけに、戦時中、徹底的に弾圧されながらも転向を拒否したホーリネス教会の指導者中田重治のようなすぐれたキリスト者の日本人論、つまりセム系のユダヤ人を中心に、ハム系のヘテ人（ヒッタイト）とヤペテ系のアイヌ人との混血が日本民族だという、きわめてユニークな聖書解説が現代にも生きているのであろう。

木村鷹太郎の出雲族＝ユダヤ人説

以上、古代日本とユダヤとの交流ないし日本古代史に散見する否定しえないユダヤの影について、いく人かの学者や研究者の説をとりあげてみた。その結果、というよりも、私が目をとおしたかぎりでは、これらの人々の説は、いずれも私が当初予想していた以上に客観的であり、かつ説得的なものだった。

ここでは、これらの人々とは別に、その著『世界的研究に基づける日本太古史』（上下）によって、世の「慢《まん》罵《ば》嘲笑《ちょうしょう》」を受けた木村鷹太郎の、大国主命が古代ユダヤ民族の族長で、エジプトのファラオの大宰相でもあったヨセフであるという説をとりあげてみる。

もともと木村は東大で哲学を学び、倫理学者としてプラトンの翻訳、またイギリスの詩人バイロンの訳者として知られていたが、一面、日本主義者としても有名だった。だが、何といっても彼の名を世に喧伝したのは、その「新史学」的立場からの古代史研究であった。

その研究からいえば、彼の意見は天孫民族はギリシア民族なりとする、日本＝ギリシア同祖論であるが、出雲族をユダヤ人であるとしている点が注目される。

まず、木村は大国主神話のなかから、大国主が旧約聖書のヨセフにあたるという、いくつかの要素を抽出する。それを箇条書きふうに示せば次のようになる。

(1)大国主が「大きな袋」を肩にしていることは、戦前の小学唱歌にあるところだ。彼は八十《ヤソ》神の末弟として、その袋をかついで兄神たちのあとを歩いていた。

一方、ヨセフも、大族長ヤコブの多くの子たちの末子であった。そして、食糧を容れた「大きな袋」をかついで、兄たちのあとについて歩いていた。

(2)大国主の兄神たちは稲羽《イナバ》という地方に八上媛《ヒメ》という美人がいることを聴き、その愛を得るために競争した。しかし、勝者は末弟の大国主だったため、兄神たちは嫉妬から彼を迫害し、赤色の猪狩にかこつけて、赤熱した大きな石塊を山上より転落させ、彼を焼殺しようと試みた。

大国主は瀕死の重傷を負い、仮死状態になったが、神の加護で甦った。

一方、ヨセフの場合は、日と月と一一の星が自分を拝しているという夢をみた。これは父母と一一人の兄たちが自分のもとにひれ伏す（つまり自分が族長となる）という神の予言であった。それを知った兄たちは、ヨセフに嫉妬し、たがいに相談してヨセフを殺して穴に投げ込み、猛獣が彼を食い殺したということにしようとした。だがそのうちの一人（ルベン）が、ヨセフを助けようとして、殺さなくても穴に入れておくだけで十分だ、あとは野獣が始末してくれるはずだといった。そこで兄弟はヨセフの衣をはいで穴に投げ込んだ。そのとき近くをキャラバンが通ったので、殺すよりも奴隷として売った方がよいとして売り払った。そしてキャラバンから牡山羊《おやぎ》の子を求め、それを殺してヨセフの衣になすりつけ、ヤコブのもとに持参し、ヨセフは野獣に食われて死んだと告げた。売られたヨセフはさらに転売されるなどして苦労したが神の加護によって、ついにはエジプトのファラオ（国王）に仕え、宰相となった。

木村鷹太郎

この『古事記』の大国主神話と、旧約聖書創世記三七～四五章のヨセフの話とを対比させ、木村はその共通点を次のように対照表化した。

（日本）……………………（ユダヤ）
大国主神……………………ヨセフ

末子、大国主神……………………末子、ベニヤミン＊
袋を背負う………………………袋を携帯している
諸兄の嫉妬………………………諸兄の嫉妬
赤い猪と焼けた石の赤色………衣類と血染の赤石
殺害計画…………………………殺害計画
悪獣と偽った焼石………………悪獣

〔＊ヨセフには弟がいた。ルベンもそうだが、末のベニヤミンは正直で、やはり兄たちに迫害されていた〕。

以上を木村は「大国主神話中のヨセフ及びベニヤミン分子」としてとりあげ、大国主＝ヨセフ説を立てたわけである。

また、大国主がユダヤ人だとすると、彼の義父のスサノオもユダヤ人くさくなる。木村はまた、スサノオと大国主の関係を図式化し、スサノオをサムソンとソウルの結合人格、大国主をダビデと見ることもできるとしている。

このスサノオと大国主の関係を旧約中の人物にあてはめれば、次のようになる。

大国主、スセリ媛に愛される……ダビデ、ユダヤ王ソウルの娘ミカルに愛される
スサノオの大国主迫害……………ソウル王のダビデ迫害
スセリ媛、大国主を救う…………ミカル、ダビデを救う

鼠、大国主を救う……………ヨナザン、ダビデを救う
大国主の潜伏神話……………ダビデの潜伏
スサノオの長髪………………サムソンの長髪
大国主の琴……………………ダビデの琴

すなわち、木村のこの論文での結論は、『古事記』の神々は旧約聖書の人物にそれぞれ投影されているだけでなく、一致していると思われるケースが多いということである。

中田重治の日本人＝ノアの子孫説

キリスト教団体で、キリストの再臨を説くものが少なくない。おそらく読者のほとんどが訪問を受けたと思われる「ものみの塔」などは、その代表的なものであろう。

「ものみの塔」は戦後とくに有名になったアメリカ系のキリスト再臨信仰団体だが、戦前は「ホーリネス教会」が熱烈なキリスト再臨信仰で知られていた。再臨信仰とは、このすべての面で堕落し、行き詰まっている世界を救うためにキリストが近い将来、再臨し、至福千年の地上天国を実現するというものである。ただし、その地上天国に生き残れるものは、信仰心篤いもので、かつ、神の選民であるユダヤ人のパレスチナ復帰を願う、つまりシオニズム運動への熱心な協力者でなければならないという。

ここで紹介する中田重治は、この東洋宣教教会＝ホーリネス教会の主宰者で、その著『聖書

より見たる日本』（昭和八年刊）で、日本＝ユダヤ同祖論を説いた。

その骨子は、神は新約聖書の「使徒行伝」にあるように、一つの血から人類をつくり、世界の各地に配された。日本の現在も神の摂理である。日本人の起原は、ノアの子孫で、方船が漂着したアルメニア高原から東のイラン高原にいた新人類のうち、東遷した集団に求められる。人種的には日本人はセム種でユダヤ人と同じである。もちろん、現在の日本人は、ハム系のヘテ人（ヒッタイト）やヤペテ系（白人）のアイヌ人などの混血である。

この混血も、彼によれば、日本人に世界的な大使命を果たさせるための神の摂理と解される。つまり近い将来、パレスチナをめぐって「北の王」（スラブ系中心）と「南の王」（ラテン・アングロサクソン系中心）との衝突（ハルマゲドンの戦い）がおこるが、日本を指導者とする「黄色人種連盟」がこの戦争を鎮定し、ユダヤ民族を助けて、キリスト再臨・至福千年の地上天国を建設することとなる……。そのためにも、世界の三大人種（ノアから出たセム・ハム・ヤペテのそれぞれの子孫）の混血であることが望ましいわけだ。

また、中田は「聖書から見た大陸政策」というものを説いていた。

それは、まず中国《シナ》は、旧約聖書でいう「シニム」の地であり、それはもともと日本人の祖先の地であり、日本が満蒙（中国の東北部とモンゴール）に進出するのは当然であり、次いで鉄道をトルキスタンからイラン方面に敷き、さらにエルサレムに進出するという構想である。

この彼の「聖書から見た大陸政策」は、それより一〇年ほどまえの大正一三年（一九二四）

に、大本教の出口王仁三郎の説いた、満蒙の新国家を踏み台に、ユーラシア大陸を横断してエルサレムにいたるという計画ときわめて似ている。ただ、出口王仁三郎は、神道・仏教・儒教・道教・回教・キリスト教などを「万教同根」「万教帰一」の立場から統合して、新しい地上の王国――ミロクの世――を築こうとしたのに対して、中田の場合は、キリスト教に傾斜した構想であった。

日本＝ユダヤ同祖論も、ここまでいけば、それなりにたいしたものである。中田構想を八紘《はっこう》一宇《いちう》的帝国主義と非難するのはやさしいが、ただ、近未来において、近東――パレスチナやバグダッドを中心に、米ソ対決がおこり、それが世界最終戦争《ハルマゲドン》にいたるという予言だけは、的中しかねないだけに無気味である。

また、そのハルマゲドンから世界を救うのが、日本とイスラエルであるという彼の予言は、日本人のコンプレックスの裏返しであるとしても、それなりに日本人の心情に訴えるものが大きい。

このコンプレックスは、また、竹内文書や九鬼文書の影響下（？）にある神道者のなかにしばしば見受けられる日本ユダヤ提携論の下敷きとなっている。つまり、ユダヤ人を「良いユダヤ人」と「悪いユダヤ人」とに分け、日本人は前者と提携して世界の恒久的平和の確立に貢献せねばならないという論旨は、ユダヤの秘密結社フリーメーソンの「世界制覇の陰謀」に対する警戒的ないし反発的心情と併存しているのである。

ここに紹介した中田重治にかぎらず、近代や現代において日本＝ユダヤ同祖論を説く人々の心情には、天孫民族と神選民族の一致（または一致させたい）という観念が横たわっている。

そして、そうした心情なり観念は、否定しえない日本の古代史を彩るユダヤの影によって、よりいっそう増福させるのである。それはまた、「イザヤ・ペンダサン」ブームを支えた日本人の心理的土壌といってもよい。

ソロモン船団は縄文日本へやってきた！

日本の四国の剣山にソロモンの埋蔵金が秘められているという説がある。これこそ、古代における日本とユダヤとの交流を示す恰好《かっこう》の話題《トピックス》といえる。おそらく本書の読者の多くは、このソロモン埋蔵金説を聴かれたことがあるだろう。現に旧海軍大将山本英輔らはその発掘を事業化したりしていた（肝心の黄金は出なかったが）。

だが、なぜ日本とユダヤという、それこそアジア大陸の両端にあるこの二つの地域を結ぶこのような伝説が、四国の山中に生まれたのだろうか。まさに現代史の大きな謎である。

ソロモン王については、旧約聖書の「列王紀」上下が主な史料である。それによると、彼は羊飼いからユダヤの王となったダビデの子であり、即位するや王位継承のさい自分のライバルだった兄弟を全部殺害した。

彼は、あらゆる快楽とぜいたくを楽しむとともに、王としての義務もまじめに果たした独裁者であった。ソロモンという名も「シャロム」（平和）からきているくらいだから、戦争よりも平和を愛し、また、そのぼう大な浪費を支えるために産業（とくに製鉄）と貿易とを奨励した。

そのため彼は、首都のエルサレムをオリエント第一の活発な市場とした。そこには各国の隊商が毎日多数訪れ、多くの富をもたらした。彼自身もアフリカやインド、さらに東方との貿易を行なうための商船隊をもっていた。

彼は蓄積した富の相当部分を自分の享楽のために消費した。彼自身「七百人の妻と三百人の妾」をもっていたといわれている。その女性たちの出身は近隣諸国や、さらに遠くの交易国にまで及んだ。それに彼自身は聡明のきこえが高かったため、わざわざ智恵比べ兼押しかけ嫁としてシバの女王まで多くの財宝を持参してくる始末であった。彼は性《セックス》を媒介として、これらの国々、諸民族との友好のきずなを強めることを考えていたのかもしれない。

彼が建設した有名な大神殿は、金五〇〇〇タラント、銀一万タラント、鉄やしんちゅうは必要なだけOKという市民の申し出によって完成したといわれているから、国民自体も富強になっていたわけである。

この神殿は、黄金がふんだんに使用され、主な天井の梁《はり》や柱、壁面だけでなく、枝《えだ》つき燭台や香炉にいたるまで金製であった。また、一〇〇個の水盤も金製だったという。もちろん、内装、外装に宝玉も派手に使用されていた。その工事には、近隣の諸国から集めた建築技師のほ

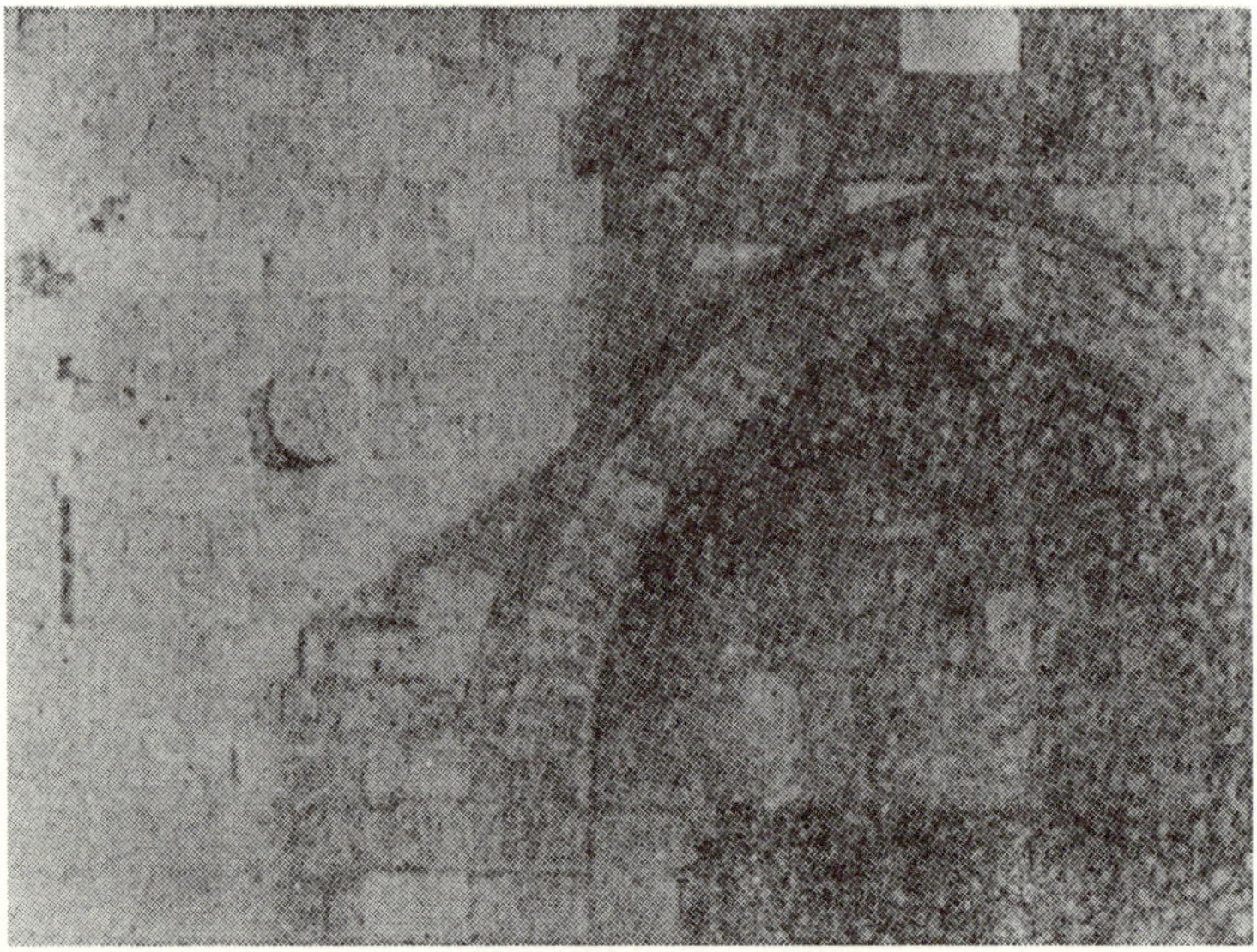

エルサレム城門のヘロデ王の紋章

かに、一五万人のユダヤ人労務者が動員され、完成まで七年を要したという。

彼は、そのぼう大な浪費をまかなうため、世界の各地に交易船団を送り、貴金属や宝石や真珠などをかき集めさせた。交易の代価は鉄であった。彼は、船団に製鉄技師集団を乗り組ませ、各地に製鉄プラントを設け、その現地生産の鉄と引き換えに財宝を収奪した。彼の船団はタルシシ船とよばれ、三年に一度帰港し、金銀宝玉や象牙、孔《く》雀《じゃく》の羽など珍奇な商品をソロモンのもとにもたらしたのである。

これらの交易品のなかの孔雀の羽は、いうまでもなくインド特産である。真珠はスリランカ、珍しい尾長猿は東南アジアの特産であった。ソロモンの商社の代理店は世界の各地にあったが、ボルネオの邪婆提国《ヤバダイ》にもあったと鹿島曻氏は述べている。

なかでも東洋産の真珠は珍重された。真珠はソロモン以前の古代オリエント諸国でも貴重視されていたことから、シュメール人の海人やインダス航海民、そしてフェニキアの海人たちの、いわゆる真珠探索者《パール・シーカー》によって、ペルシア湾からスリランカ、アラフラ海にいたる航路が開発されていた。おそらく、古代世界最大、最良質の真珠採取海域であった日本近海も、彼らの視野に入っていたであろう。

タルシシ船団は、ルソン島沖で日本海流（黒潮）にのれば、それこそ目をつぶっていても、日本列島に到着する。九州、大分で発見された前八世紀の縄文製鉄の遺跡は、この船団の仕業《しわざ》と見てよい。彼らは、わずかな鉄と大量の真珠や砂金とを交換して巨利をむさぼったのであろう。

金銀貴金属があり、素晴らしい真珠を多く産し、気候が温和で、清冽な水が多く湧き、緑におおわれていた美しい日本列島には、まだ縄文の淳朴な人々が平和に暮していた。それは、砂漠やジャングルなど苛烈な風土と、古代人というにはあまりにもソフィスティケイトされた人間関係や階級社会しか知らなかった船団の乗組員にとっては、「楽園＝約束の地」とも思われたにちがいない。

そのため、乗組員の奴隷のなかから逃亡したものもいただろう。それらの人々も縄文の集落に入れば、その高度の文化性のゆえに、「まれびと」として大事にされたということは十分に考えられることである。さらに、奴隷ばかりでなく、船団全員で上陸、定住したケースもあったとすれば、それは「天鳥船《アメノトリフネ》」で天降った神々とされたかもしれない。彼らは、造船や漁労や金属精錬の技術を先住者たちに教えてくれたし、宗教や神話も語ってくれたにちがいない。

このようなソロモン時代にさかのぼれるユダヤ人の渡来が、四国の剣山に伝わるソロモンの財宝埋蔵伝説の集団無意識的背景となっているのではないだろうか。

古代シルクロードを支配したのはユダヤ商人

私たちの祖先がこの日本列島に渡来するのには、最終的には海を渡らなければならないが、朝鮮・対馬海峡は一応別格として、黒潮組とシルクロード組に大別できると思う。

熊野＝九鬼文書は、だいたい黒潮ルート系であり、宮下文書は、シルクロード系の古史古伝といえるだろう（第四章参照）。

ところで、古代シルクロードを支配していたのはユダヤ商人であったというのが、前にも少しふれたM・トケイヤー氏の意見である。この場合の支配とは、領有という意味ではない。この物資・人間・情報を運ぶルートを支配したというのは、そのルートをもっとも効果的に利用していたということである。

たしかにシルク（絹）ロードであるから、絹の交易が主体だったということになる。となれば、古代、絹の取り扱いはユダヤ人の独占であったことから、シルクロードを支配していたの

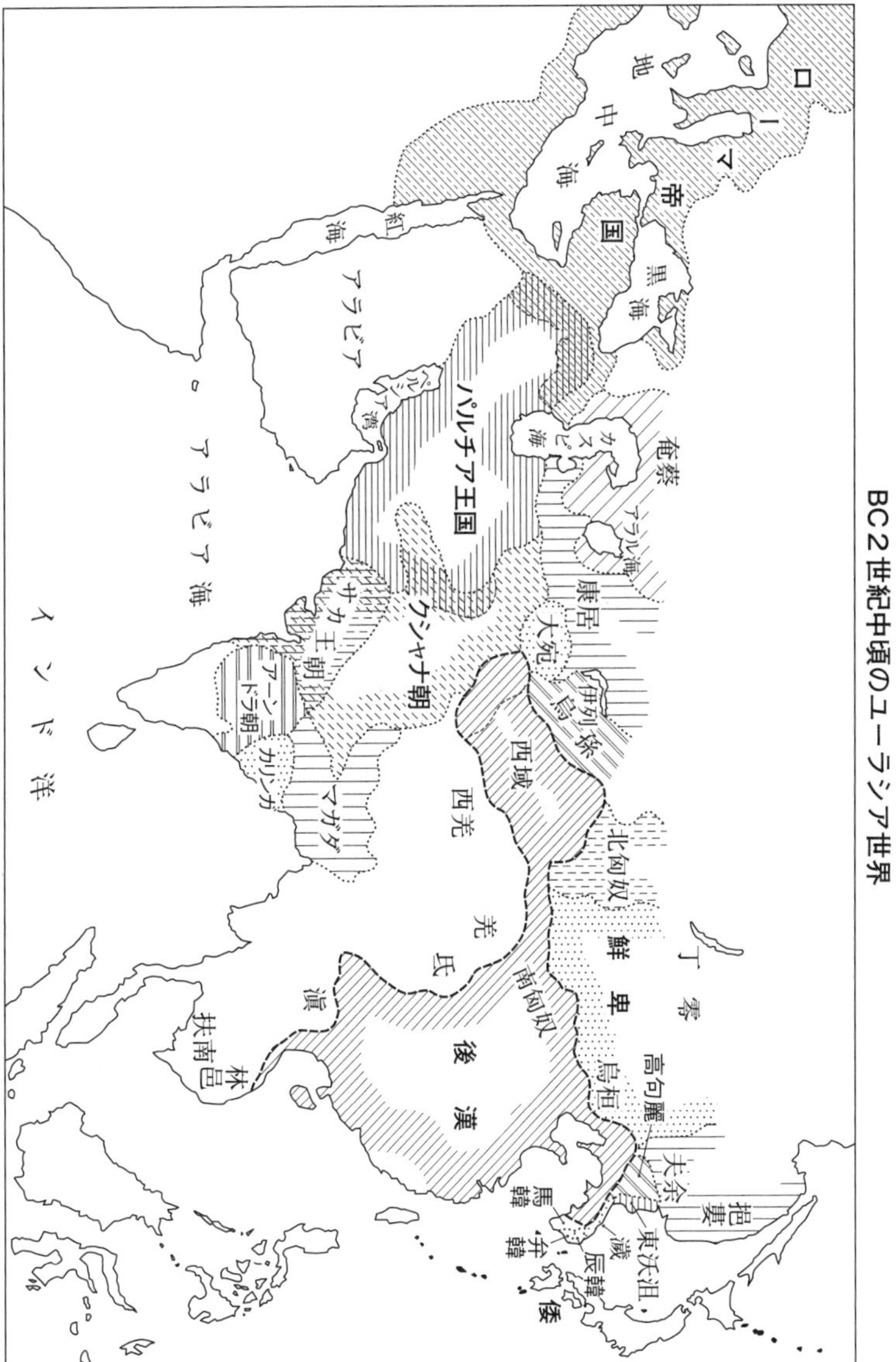
BC２世紀中頃のユーラシア世界
ローマ帝国
地中海
黒海
紅海
アラビア
ペルシア湾
カスピ海
奄蔡
アラル海
パルチア王国
康居
大宛
伊列
烏孫
サカ王朝
クシャナ朝
アーンドラ朝
カリンガ
マガダ
西域
西羌
北匈奴
鮮卑
丁零
羌氐
南匈奴
後漢
滇
扶南
林邑
高句麗
烏桓
夫余
挹婁
東沃沮
濊
辰韓
馬韓
弁韓
倭
アラビア海
インド洋

は、ユダヤの絹商人だったといえる。絹の交易だけでなく、生産のノウハウの教師、絹加工職人もユダヤ人が主体であった。彼らは、紀元前二五〇〇年以上ものむかしから、シルクロードを往来し、またその各オアシス都市やターミナル都市に在留していたという。つまり半ば伝説的な殷《いん》・周《しゅう》時代からユダヤ人は中原に来ていたということになる。

ユダヤ人がシルクロードに現われたのは、紀元前三〇〇〇年のアッシリア時代、とくに紀元前二五〇〇年のアッシリア帝国のオリエント支配からである。次いでバビロニアが支配した紀元前二〇〇〇年ごろにも多くのユダヤ人がシルクロードをたどって東方に向かった。彼らは、オリエント諸王の圧制から逃れて、シルクロードの天地に自由を求めたのである。

このユダヤ人の東方移動は、ユダヤの歴史によれば、ユダヤ人のイスラエル定着以前、つまり紀元前三五〇〇年――モーゼのはるか以前にはじまるという。もちろん、ソロモンの栄華などよりもはるか以前のことである。その時代の東方への移動者を原始ユダヤ人とよべるかもしれない。

これらの原始ユダヤ人たちは、ソグディアナ、つまり中央アジアのサマルカンドを中心とするザラフシャン河流域地方を通って、多くの歳月を経て東へ、東へと進んだ。

M・トケイヤー氏は、シルクロードを東へゆけばゆくほど、寛容度が深まり、平和な土地が出現してくる……そこには友好的な雰囲気さえ感じられたと述べている。そして、この東へ進んだ集団のなかには、朝鮮半島から日本列島に到達した人々もいたであろうことは、宮下文書によっても十分に推測できる。

宮下文書では、兄弟別々のルートを経て日本列島に渡来した国常立尊《クニトコタチ》・国佐都知尊《クニサズチ》の二グループは富士山麓でめぐりあった。そして、クニトコタチ（諱《いみな》を農立比古《ノタチヒコ》という）は西国を治めることになり、丹波の真井原の地に宮を設けたが、その宮は「桑田宮」とよばれた。

農業神であって桑田宮に住まっていたということは、桑＝養蚕、田＝稲作の二つを所管していたということであり、すでに絹がこの神とその一族によってもたらされたことを示している。

いうまでもなく、桑を植え、蚕を養って、まゆを作り、さらに絹をつむぎ、織るという作業は、きわめて高度かつ微妙なテクニックを必要とする。それだけに養蚕、製糸、織物のベテランがクニトコタチの日本移動の集団に混じっていたということになる。

おそらくクニトコタチは、日本列島への渡来の過程で、そうした絹の技術者・専門家（ユダヤ人）を自分たちの集団に引き入れたのであろう。

なお、このクニトコタチが丹波に拠を構えたという宮下文書の伝承は、後年この地でおこった民間宗教の大本教が、その主神の艮《ウシトラ》の金神《コンジン》を、このクニトコタチと同一視したことと無関係ではあるまい。ちなみに出口ナオが大本教を開いた丹波の織部は、古代以来絹織物工業がさかんな地方であり、その製糸工場の女子工員が大本教の初期の信者に多かった。そしてまた、大本教の関係者（理論面の協力者）に日本＝ユダヤ同祖論者として有名な人物もいた。本書でたびたび言及した『九鬼文書の研究』の三浦一郎がその人物である。

この宮下文書の伝承にあるクニトコタチ・クニサズチ集団の日本列島移動の正確な年代は不明であるが、その文化内容から見れば、縄文後期〜弥生前期あたりであろう。したがって、ソロモンの時代（前九七一〜九三二）よりあとということになる。

「契丹秘史」の語る日本・ユダヤ交流説

古代日本列島とユダヤとの交流については、第四章でふれた「契丹秘史」も有力な史料といえる。つまり、渤海国使節として塢須弗《ウスボツ》が来日した時点で、日本民族の主流をなしていたと彼に見えた「阿其《アキ》氏」が、フェニキア系であったことはすでに記したとおりである。

さらに「契丹秘史」の第一五章「辰国離京」を引こう。

「耆麟馭叡阿解《キリコエアケ》に教《のり》して、巫軻牟《フカム》に治せしむ。芝辣漫耶《シラマヤ》と曰《い》う。神祖初めここに降る。故に素《ス》率母理《サモリ》の京と曰う。阿解《アケ》また然短丹《サクタ》に宮して居る。叙図耶《ソトヤ》と曰う。是《これ》を離京となす。阿解《アケ》生れながらにして異相、頭に刃角《じんかく》あり。好んで鬼魑を捉《とら》う。乃《すなわ》ち蘇命《そめい》、遮厲《しゃまん》、立桿《りっかん》、禁呪《きんじゅ》二十四般《ぱん》の法を頒《わか》つ。今について験《しるし》あり」

これは辰国の離京（もう一つの首都）についての記述である。

「耆麟馭叡阿解《キリコエアケ》」とは、古代以来の沖縄地方のシャーマンである「聞得大君《キコエノオオキミ》」である。「巫軻《フカ》牟《ム》」つまり「芝辣漫耶《シラマヤ》」とは沖縄の首都だった「首里」のことである。この地に神祖が降臨したことから「素卒母理《スサモリ》の京」というようになった。スサモリとは朝鮮語の「ソシモリ」である。「牛頭国」と訳される。となれば、この神祖はいうまでもなく、スサノオノミコトである。阿解《アケ》（聞得大君）はまた「然矩丹《サクタ》」に宮殿を設けて住んでいた。サクタとは久高島《クダカ》である。その地は「叙図耶《ソトヤ》」ともよばれた。これが「離京」とされた。

阿解《アケ》は生まれながら、変わった変貌をしていた。つまり頭部に鋭い角《つの》がはえていた。そして、好んで「鬼魌《ききょ》を捉《とら》う」とは、しばしば神憑りになったということである。

次に「蘇命、遮厲」とは「蘇民将来」のことである。蘇民将来についてはのちほど詳しく述べるが、これは、ユダヤの「過越《すぎこし》の祭」が起原とされている。

この祭（蘇民将来）が日本列島に渡来したのは、朝鮮半島経由と見られているが、どこから朝鮮半島に渡来したのかとなると、いわゆる学者は沈黙する。つまり、この祭と過越の祭とを結びつけたくないからだ。

だが、朝鮮半島渡来説は、厳密にいえば正しくない。それは、黒潮に乗って九州（豊《とよ》の国）と朝鮮半島南部に上陸したものであるから。現に、沖縄にもあるし、また、この日本列島内での「蘇民将来」の伝承は、朝鮮のものよりも、より「過越の祭」説話に似ているのである。

九州の北部、正確にいえば国東《くにさき》半島は、縄文製鉄の遺跡が物語るように、縄文後期（前七世紀）にすでにソロモンのタルシシ船団で採鉱冶金（鉄）集団が渡来していた。その集団が、故国の過越の祭の習俗を日本にもち込み、さらにそれが朝鮮にもたらされたか、あるいは、ちがったルートで朝鮮にもたらされたのであろう。

つまり、陸路シルクロードを通ってきた人々も、この祭の習俗を中国大陸にもち込んできたからである。それが、この「契丹秘史」に出てくる「蘇命、遮厲」である。シルクロードの商権をにぎっていたユダヤ商人は、オリエント地方から東方——ソグドの地、つまり中央アジアのサマルカンドを中心とするザラフシャン河流域——に拠《よ》っていたため、ソグド商人といわれているが、その実体はM・トケイヤー氏のいうように、自由を求めて東方に向かったユダヤ人である。

彼らの一部は、中国からやがて朝鮮半島、さらに日本列島にも渡来してきた。おそらく、絹の生産と鉄の生産とが、彼らの使命だったと思われる（絹については、本章の「秦氏《はた》はユダヤ系中国人である」参照）。

「契丹秘史」にもどろう。契丹を建国した人々は、その神話から推定すると、シルクロードの部族ではなく、海を渡ってきた人々の子孫であったらしい。

それは海（東シナ海）から揚子江や黄河ぞいに中国の内陸部に進入して、中国最古の国家、夏《か》を建てた人々の流れや、殷《いん》を建国した人々の流れ、それにシルクロードを東進してきた人々の流れが加わって契丹民族を形成したということになる。

だが、いずれにしても「蘇民将来」が「牛」信仰と深い関連をもつことから、そのルーツを古代オリエントにたどることができる。

なお、ここで私が強調しておきたいのは、古代の日本列島の習俗（文化）のルーツを、すべて朝鮮半島に求めたがるという最近の一部の風潮が誤りだということである。それらの人々は、海（海流＝黒潮）を無視するという大きな誤謬をおかしているのである。

神武天皇、ユダヤ渡来説のミステリー

神武天皇が、九州の日向《ひうが》から、畿内――大和をめざして東遷の途についたというのが、『古事記』や『日本書紀』の記述である。だが、戦前の皇国史観が崩壊した現在、この記紀の建国神話をそのまま信じている人は、まず少ないだろう。

では、神武天皇（記紀の皇統譜に初代天皇《ハツクニシラススメラミコト》として記されている人物とその一族）は、その東遷と称される遠征を、どこから開始したのだろうか？

江上波夫氏の「騎馬民族説」の影響下にある最近の説によれば、神武天皇と同一人物と見做されている崇神天皇《ミマキイリヒコ》は、朝鮮半島の南部から渡来したとされている。また、この崇神天皇は、九州北部の旧耶馬台国を支配して、実力を貯え、応神天皇のさい、畿内に東遷したという説もある。いずれにせよ海外――朝鮮渡来説だ。

ところが、戦前のことであるが、神武天皇は、その東遷を海外も海外、インド洋の彼方――アラビア半島から開始したという破天荒！　な説があったのである。

その説は、昭和一〇年一一月に大弾圧をされた大本教についての同年一二月の「特高資料」に出てくる。すなわち、そこには大本教の総帥出口王仁三郎の、いわゆる治安維持法違反、不敬罪の数々が列挙されているが、そのなかで次のような記述が目をひく。

「畏《かしこ》くも神武天皇は猶太《ユダヤ》より渡来せられ真の天照大神の御系統たる饒速日尊《ニギハヤヒ》を征服せられたるものにして皇室は決して正統なる統治者にあられず等と称し……」

まず「猶太《ユダヤ》より渡来」ということは、アラビア海――インド洋――マラッカ海峡――黒潮――日本列島という東遷コースが前提となる。当然、神武天皇はユダヤ人ということになる。

次に注目すべき点は、皇室の祖先（皇祖）天照大神の正統は、饒速日尊《ニギハヤヒ》であって、神武天皇は簒奪者《さんだつ》である――日本列島の支配権（統治権）を盗んだ人物であるという指摘だ。つまり、皇孫と称されるニニギノミコト以下神武にいたるすべての系統は本物ではないということになる。

その説の是非はともかく、戦前では、まさに治安維持法や不敬罪に当然ひっかかる大胆な主張である。

もちろん、大本教では、そのようなだいそれたことなど「称し」たことはないと法廷で極力否定した。だが、ふしぎなことに、大本教と出口王仁三郎の冤罪《えんざい》を主張し、特高警察のでっちあげ《フレーム・アップ》を批判している、王仁三郎の孫の出口京太郎氏の『巨人出口王仁三郎』（講談社）や、また京太郎氏の従兄弟の出口栄二氏の『大本教事件』（三一書房）は、この件について一切沈黙している。つまり、昭和一〇年の大弾圧の真相についてはそれこそ詳しく述べられているが、この神武天皇ユダヤ渡来説には、一語もふれられていないのである。少なくとも、特高警察の無茶なでっちあげの最大！　の証拠としてでもとりあげて然るべきなのに、だ。

さらに、大本教団が戦後、全力をあげて編さんした『大本教七十年史』上下二二〇〇ページの大冊にも、この件については何一つふれられていない。編集スタッフには教団職員のほかにも京都大学、大阪市立大学などの教授、助教授クラスまで含まれているのだが。また、その編さん史料には、内務省警保局（特高警察のいわば総司令部）関係のぼう大な文書が参照・引用されているのだから、一言あってもよいと私には思われた。だが、現実には、この神武天皇ユダヤ渡来説は完全に無視されている。あるいは、この件は、同教団にとってはタブーなのかもしれない。

かりに、この説が大本教にとり、それこそ歯牙にもかけるに価しない荒唐無稽《こうとうむけい》な濡《ぬ》れ衣《ぎぬ》だったとしよう。それなら、この説を、特高警察は、いったいどこから仕入れてきたのだろうか？

おそらく彼らは、その火種《ひだね》ともいうべきものを、出口王仁三郎の壮大な神話（ＳＦ）の形をとった教義体系『霊界物語』を克明に分析して抽出したか、さらには古代ユダヤの祖である白《シロ》人根命《ヒトネ》の系図を記している九鬼文書の伝承から仕入れたものと考えざるをえない。

なぜなら、第七章で改めてふれるつもりであるが、この教団と九鬼文書とは、ある時点まで、きわめて深い関係で結ばれていたからである。

もちろん、教団内に潜入していたスパイの情報活動も、この火種発見に貢献したはずであるし、また、木村鷹太郎や小谷部全一郎の著書も、その火種をかきたてるのに利用されたのであろう。

「蘇民将来」とカゴメ印の謎

伊勢湾周辺、それに備後国《びんご》、つまり広島湾周辺及び沖縄などに「蘇民将来《そみんしょうらい》」という伝承がある。これは護符《ごふ》（お守り）の一種で「鬼門除《よ》けのお札《ふだ》」ともよばれている。

むかし厄病神《やくびょうがみ》が旅しているときに飢え、その地の金持の巨旦《きょたん》将来に一夜の宿を乞うた。巨旦はにべもなく拒絶したが、その弟の蘇民将来は喜んで迎え、わらの布団とあわの飯とを提供した（この兄弟関係が逆になっている場合、つまり蘇民＝兄、巨旦＝弟もある）。

神はその礼に護符を与え、流行病のシーズンになったら、その護符をもっていれば病気にかからないと告げて立ち去った。その護符が「蘇民将来」である。それは八角柱の木片に「蘇民将来之子孫也✡」と記したものである。

この「蘇民将来」の護符（神符）では、京都の祇園《ぎおん》社や長野県上田の国分寺、新潟県新発田《しばた》の天王社などのものが有名だが、その効験あらたかなことから、各地の神社で正月の初詣でに授けるようになった。なお、その漂泊の厄病神は武塔天神ことスサノオノミコト（牛頭天王《ごずてんのう》）といわれている。

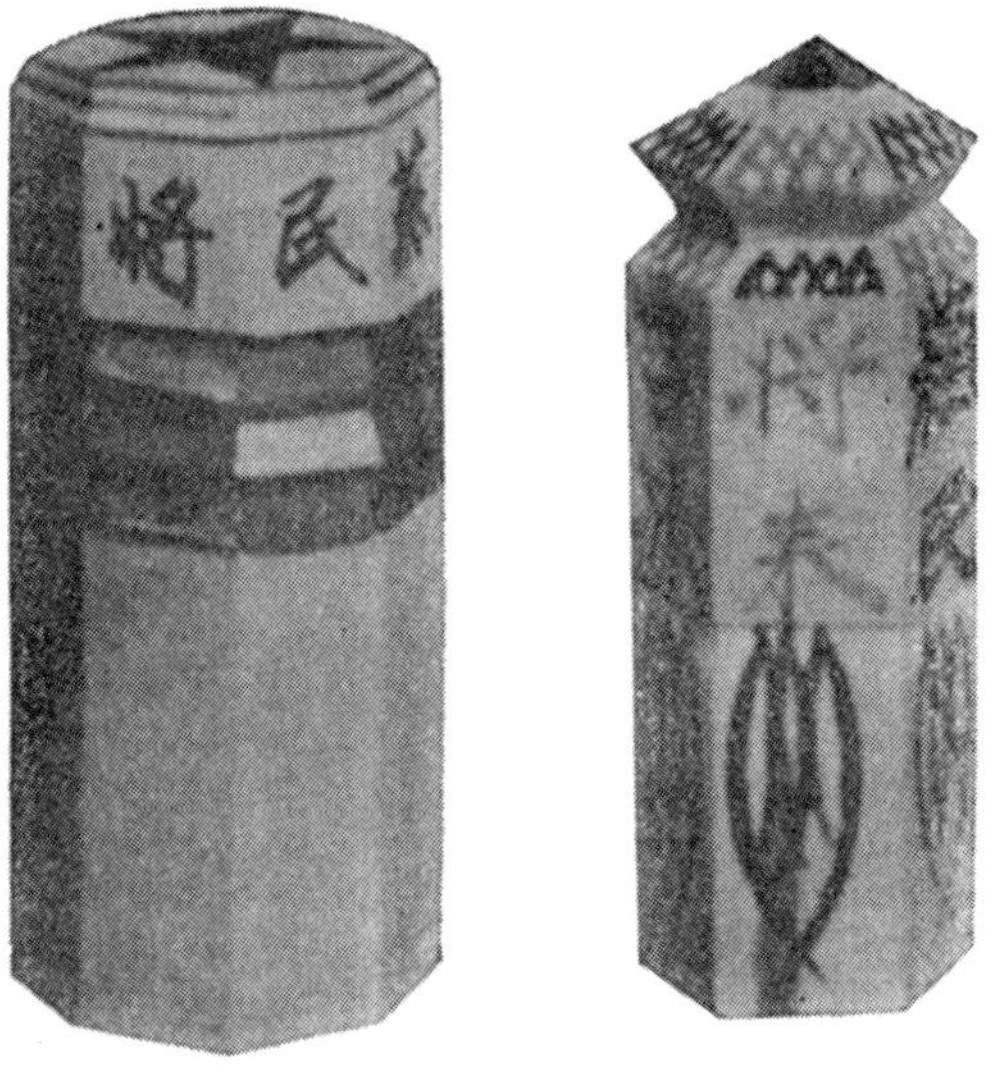

蘇民将来（平凡社刊「世界大百科事典」より）

さて、この異様な名称でよばれているスサノオ伝承は、九鬼文書にも出てくるが、ふつうは『日本書紀』巻一の一書の次の記述が典拠ではないかとされている。

「特に霖《ながあめ》ふる。素戔嗚尊《スサノオ》青草を結束《ゆいたば》ね、以て笠蓑《かさみの》と為し、宿を衆神に乞う、衆神曰《いわ》く、汝《なんじ》は是《これ》躬《み》の行《しわざ》濁悪《けがらわ》しくして、逐《や》らひ譴《せ》めらるる者なり。如何ぞ宿を我に乞ふといひて、遂に同《とも》に距《ふせ》ぐ云云」

すなわち乱暴狼藉《ろうぜき》を働いたため、高天原《タカマガハラ》を追い逐《や》られ、神々から厄病神視されて、漂泊《さすら》っていたスサノオの伝説、それにスサノオが朝鮮のソシモリ（「牛の頭」の意）に降ったという伝承から、この蘇民将来伝説が作られたのではないかというわけである。

ただ、それだけでは、この厄病除けの木のお札に記されている✡マーク（ヘキサグラム）がわからない。このマークは、明らかにユダヤのシンボルであるが（現在のイスラエルの軍用機にも、このマークがついている）、それがどのようにして、あるいはなぜ、蘇民将来に結びついているのだろうか？

この問題に困却したのは、なにも学者だけではない。ちなみに平凡社の世界百科事典の「蘇民将来」の項には、この✡（ミズホラ印、カゴメ・マーク）の代わりに☆（星マーク）が記されている。これは、日本の古代から民衆に親しまれてきた伝承とカゴメ・マークとの組み合わせが、あまりにも刺激的なことから、カゴメ・マークの代わりに、それと似ているが安全無害（？）の星マークを記したのかもしれない。だとすれば、その項の解説者は、この星マークはもともと「ヘロデ王の紋」とよばれている、やはりユダヤのシンボル・マークであったことを知らなかったのかもしれない。

いずれにしても、この蘇民将来の護符は、やはり日本の古代史にちらつくユダヤの影ということになるだろう。

なお、この蘇民将来とよく似たものに、ユダヤの三大祭の一つとされている「過越《すぎこし》の祭」というものがある。この祭は、ユダヤ人のエジプト脱出（旧約聖書「出エジプト記」にあるモーゼ指導のもとでの「大脱出《エクソダス》」）を記念してはじまったものである。ユダヤ暦でニサンの月の一四日に、当歳の羊を殺し、その血を家の入り口の柱と鴨居《かもい》に塗り、その肉は焼いて食べる。この羊の血を塗った柱の家はヤーウエ神（エホバ）が通り越し（過越し）、災いはエジプトに及ぶとされている。つまり、羊の血を柱に塗ることによって、災厄神を過越させ、災厄の及ぶのを避けるということだ。

「蘇民将来」の伝承との類似と、その✡マークとからみて、エホバ＝スサノオ説は飛躍としても、少なくともこの伝承がユダヤの地から紀伊半島ないし志摩半島に漂着（渡来）したと考えることは、それほど無茶なことではない。とすれば、さきに紹介した神武天皇ユダヤ渡来説も、あながち荒唐《こうとう》無稽《むけい》、つまり、根も葉もないでたらめなどと一蹴することはできなくなろう。

なお、この漂泊《さすらい》の厄病神スサノオに、このようなユダヤ的要素があること、これは後で述べるスサノオの原イメージにとって重要な問題となる。学問としての日本古代史は、これら「ユダヤの影」を無視することによって成り立っているが、逆説的にいえば、学問として成り立たせるために、日本古代史は科学であることを放棄したといえる。

伊勢神宮にちらつく「ユダヤの影」

皇室の霊廟とされている伊勢の皇大神宮もユダヤの影に濃くいろどられている。たとえば、その参道の石灯籠に刻まれた文様である。

写真（次ページ）のように、文様は三つある。まず一番うえの皇室の紋章である「菊」の紋

伊勢神宮参道の謎の石灯籠

は当然として、その下の明り窓の部分には、一見、旧日本陸軍のマークというよりも明智光秀の桔梗《ききょう》の紋に似た「ヘロデ王の紋」、さらにその下の台座の石に刻まれているのが「ダビデの星」つまりカゴメ・マーク（ヘキサグラム）である。

この事実がなにを意味しているのか、神宮皇学館大学の先生にでもおうかがいしたいものである。

このように、伊勢神宮とは実にふしぎな社《やしろ》である。参道の石灯籠のダビデの星やヘロデの紋章もそうであるが、御神体とされる八咫《やた》鏡についても、いろいろウワサされている。その最大なるものは、鏡の裏面にヘブライ語が刻まれているというものだ。それは、かつてモーゼが神に対して「あなたの名は、なんというのか？」とたずねたときの神の返答、すなわち「私は私である」あるいは「私は永遠なるものである」という意味を示す三字のヘブライ語だといわれている。

このウワサの根拠は、竹内文書の研究者であって、キリスト日本渡来説を唱えた山根キクの『キリストは日本で死んでいる』であろう。彼女は、戦前竹内文書を公開し、弾圧された竹内巨麿《きよまろ》に傾倒し、彼より入手した情報を基にこの書を著したのだから、おそらくこの八咫鏡のヘブライ文字云々も巨麿の情報かと思われる。

だが、天皇でさえ見ることもできない（三笠宮談）、この御神体の鏡を、いったい、だれが裏返しにして眺めたのか。それは初代の文部大臣で、日本人を人種的に改良するために西欧人と混血せよとまでいったといわれる開明派の森有礼だそうである（『謎の竹内文書』参照）。

だが、ウワサはウワサとして、御神体にまつわるもう一つの話がある。それは八咫鏡の容器である。それは「舟形」であり（「御船代《みふなしろ》」とよばれている）、鏡が海を渡って運ばれてきたことを示していることだけは間違いないところだ。ただ、問題は、どこから海を渡ってきたかということである。

私の見るところでは、おそらくこの御神体（八咫鏡）は、対馬海流に乗って若狭湾付近に到着した（天降った）にちがいない。それはこの御神体が伊勢の現在地に落ち着くまで、安置されていた場所を逆にたどると、但馬・丹波から日本海岸ということになるからだ。

それがなぜ、伊勢に落ち着いたかというと、この地方には、やはり黒潮に乗って渡来した人々が住み、その人々は川守田英二がヘブライ語だという「はやし」ことばをもつ「伊勢音頭」を伝えている人々の祖先でもあったことから、ここならばかつての仲間——同胞たちの地だから大丈夫ということで安置されたのではないか。おそらく、この安置の場所を探していた倭姫《ヤマトヒメ》が、この地を発見したものと思われる。

次に面白いのは外宮《げくう》である。そこの神官の渡会《わたらい》氏の祖先は、乙乃古《ウルノフル》命だという。この「ウルのフル」を歴史言語学者の川崎真治氏ふうに読めば、古代オリエントの最初の文明人であるシュメール人のことばで「牛《ウル》の都《フル》」ということになる。つまり渡会氏の祖先は、メソポタミア地方から渡来したというわけだ。

また、ユダヤ人の伝承によれば、ユダヤ人の祖先たちは、大族長のアブラハムに率いられて、シュメールの首都ウルを出発して「約束の地」を求めて漂泊の旅に出たという。

乙乃古《ウルノフル》命は、この漂泊の末に、日本列島に渡来し、若狭から丹波に定着したアブラハム一族の小族長だったのだろうか。もし、そうだとすれば、伊勢の地に見られるユダヤの影もわかることとなる。つまり、この乙乃古《ウルノフル》命は、但馬から伊勢に移り、やがて牛頭《ごず》天王であるスサノオに従って、熊野に到着し、志摩半島を回り、伊勢湾沿岸に分布した人々の族長だった。少なくとも、彼は「牛《ウル》」を連れてきた人々の族長だった。この地方の名産「松阪牛」の先祖は、この乙乃古《ウルノフル》一族の移動の軌跡と重なるようだ。すなわち、松阪肉のオリジナルである神戸肉の原産地の「但馬牛」である。この牛肉の移動と、御神鏡の移動経路も、ふしぎに重なる。

それに、外宮の祭神である豊受大神《トヨウケ》は、もともと丹波・但馬地方の神であったことは『古事記』の伝承などからも明らかである。この豊受神は、乙乃古《ウルノフル》命らが信奉していた神であった可能性が濃い。つまり、古来の大地母神であるイザナミとはちがった神である。

秦《はた》氏はユダヤ系中国人である

日本古代史に残る「ユダヤの影」の、具体的なケース・スタディとして、私は伊勢神宮をとりあげてみたが、ここではある時点において、日本古代史の最大の「黒子《くろこ》」であったと思われる秦《はた》氏について眺めてみたい。

秦氏が、自身伝えるように、秦《しん》の始皇帝の後裔であるかはともかく、彼らが朝鮮半島経由の渡来人集団の子孫であったことだけはたしかであろう。

だが、私は最近の多くの史家の見解（朝鮮系説）とはちがい、彼らが中国人でさえなかったと考えている。というのも、まず彼らが渡来したとされる応神天皇の時代、つまり正確な年代は不詳としても、「謎の四世紀」、朝鮮半島は中国の植民地であった。楽浪郡とか帯方郡など、中国王朝の直轄地であった。それが、王朝の衰亡期に、治安が乱れ、生活も困窮してくれば、より平和な日本列島に移動しようという人々があったとして不思議はない。いや、大いにありうることだ。

一方、秦氏の祖とされる弓月《ゆずき》の君は、中国大陸からきたとされているが、中国から朝鮮半島

太秦の大酒神社。ダビデ神社とも呼ばれる

に移動し、さらに日本列島に戦乱を避けて再移動したと見るべきだろう。一族三五〇〇人が東シナ海を横断してきたというよりは、朝鮮海峡を渡ってきたと考えるほうが合理的である。

次に、この弓月の君集団で見逃せないのは、『日本書紀』にも記されているが、彼らははじめて日本列島に「絹」をもたらしたということである。

古代において「絹」があるところに「ユダヤの影」がある。なぜならユダヤ人こそシルクロードの絹商人であり、絹の生産、絹織物のノウハウは彼らのほぼ独占だった。彼らは中国の諸処に「絹コンビナート」を設け、その交易に従事していたことはM・トケイヤー氏の著書が記すところだ（一八二ページ参照）。とすれば、皇帝の直轄地で、養蚕可能な朝鮮半島に彼らが進出していたことは十分に考えられることだ。弓月の君一族がその朝鮮半島における絹のシンジケートを支配していたわけである。ちなみに対岸の山東半島は、古代から「山東絹」の産地であった。

彼らが、意識的に秦《しん》の末裔と称したのは、彼らがいわゆる中国人（漢族）とちがった風貌をしていたからであろう。秦の始皇帝は西戎《さいじゅう》（西方の蛮族）と見られていた。つまり秦人は、漢族ではなかったわけだ。事実、秦が統一後に施行した郡県制度など地方行政システムは、アレキサンダーに滅ぼされたペルシア帝国のシステムと酷似しているのである。

したがって、秦氏の祖先、つまり弓月の君一族の祖先は西方から移動し、中国が秦の始皇帝に統一されてから、朝鮮半島で絹生産にたずさわったユダヤ系中国人だったと私は見ている。

さて、この秦氏が日本の絹の支配者だったということは、秦河勝《はたかわかつ》が皇極天皇の世、駿河《するが》国で「常世《とこよ》の神」と称して、蚕《かいこ》に似た虫を祀る新興宗教が流行《はや》ったとき、わざわざ駿河までゆき、その教祖の大生部多《おおうべのおう》に制裁を加えたという『日本書紀』の記事からもわかる。つまり日本に渡来し、日本の養蚕・製糸シンジケートを支配していた秦氏にとっては、蚕そのものでなく、それに似た虫を民衆が祀るということすら、やがては養蚕における自分たちの独占権をゆるがす因《もと》になるのではないか、という危惧につながるゆゆしき問題だったのである。

なお秦河勝は、絹の独占によって貯えたぼう大な富でもって、聖徳太子のスポンサーとなった。その太子の出生伝説、つまり馬小屋のまえで生まれたとか、イエス・キリストの誕生を思わせる伝承も、河勝一族が作りあげたのかもしれない。

ただ、秦氏をめぐる最大の謎は、その出自よりも、その強大な勢力が、平安遷都以来、歴史からみごとに姿を消してしまったことである。

桓武天皇の山城遷都——平安京建設に、物質的にも、労働力でも最大限の協力を惜しまなかったこの豪族が、藤原氏を押しのけて、平安朝の政治的ヘゲモニーを確保したというならわかる。だが、秦氏の名は、歴史の表面から、それこそ消えてしまった……。

なぜか？　この疑問について、私はかつて、藤原氏こそ秦氏だったのではないかという仮説をたてたことがあった。つまり、藤原氏は、奈良朝後期に平城京を襲った疫病で有力者がほぼ全滅し、わずかに残った藤原種継も長岡京遷都問題で反対派の大伴氏に暗殺されている。おそらくそれ以降の藤原氏は、この秦氏の変身ではなかったか。いいかえれば、朝鮮系の藤原氏はユダヤ系の秦氏に乗っ取られたということである。

第六章

古代史のワンダーランド＝熊野

精霊たちの息づくところ——熊野

古代、私たちの祖先は、木と石と火と水の精霊を信仰していた。

木——いまも神社の境内にそびえる御神木に名残りをとどめている樹霊信仰は、彼らのはるかな祖先が原始林に囲まれた生活のあいだに身につけたものであろう。神社、つまり社《やしろ》と杜《もり》とは、もともと同義であった。また、樹霊信仰は古代オリエントでは聖樹（宇宙の樹・生命の樹）信仰となり、世界に広がっていた。

石——ある種の自然石や人工を加えた石棒や玉などに、精霊がやどるという信仰も古くからあった。御神体に石をあてる信仰は、日本だけでなく、西方にも見られた。また、ギリシアのヘルメス（天帝《ゼウス》と大地《アトラス》の娘との子で、商業・通信・幸運・豊穣の神）信仰も、はじめは東方からきた自然石信仰だった。

自然石から加工された石のメンヒル（一枚石を垂直に立てたもの）やドルメン（二個以上の石を垂直に立て、そのうえに平石をのせたもの）、環状列石《ストン・サークル》などの巨石文化も汎世界的なものであった。

火——人間とは「火を用いる動物」といわれるように、火の精霊に対する信仰も古くまでさかのぼれる。その火の信仰を拝火教として集大成したのがゾロアスター教であるが、わが国にも火の聖霊への信仰は、多くの形で現在もなお残っている。神道のもっとも古代的な聖なる儀式とされる出雲大社の「火鑽《ひき》り」の神事は、神代以来の出雲の国造《くにのみやつこ》の統治権継承の儀式である。また、天皇の地位を「天津《アマツ》日嗣《ヒツギ》」というが、「日嗣」はもともと「火嗣」であった。

水――水の精霊を私たちの祖先は「みずち」とよんでいた。水は世界の諸民族によって、生命の源泉、万物の母胎と考えられていた。水から生まれて水に帰るという一種の再生思想はきわめて古いものである。

水のあるところ、海・川・湖沼・池・泉・井戸などが、この水の精《みずち》の住む神聖な場所とされていたが、農耕時代（文化）に入るにつれて、その水の精信仰が竜神信仰となった。

なお、水神は豊穣の神だけでなく、水が人間の健康に大きな影響をもっていることから「疫病除《よ》けの神」とされ、スサノオ信仰と習合したケースもある。

そして、この四つの原始以来の精霊信仰が、いまもなお生きているのが熊野なのだ。

九鬼文書の伝承の地であるこの熊野は、むかし「木の国」といわれていた。紀伊山塊の千古の樹林は、まさに「木の国」とよぶにふさわしい。それだけに樹霊信仰が根強く残っている。高木《タカギ》神ともいわれていた高皇産霊《タカミムスビ》神を表わす巨大な神木の、根・幹・枝・葉にそれぞれやどった神々が、一つのパンテオンをつくっている例もあるくらいだ。

一方、樹齢三〇〇〇年を超す神代杉を御神木としている玉置神社の御神体は玉石である。また、熊野信仰の中心である熊野速玉《はやたま》神社（新宮）の神の依代《よりしろ》とされているのは「ゴドキ岩」である。それら以外にも、石や岩、石窟などを御神体ないし依代としている神社は多い。だが、それらの神々も神社の御神木とみごとに共存しているのである。

さらに、火の信仰も熊野には古代以来、脈々と伝わっている。熊野新宮の摂社である神倉神社に伝わる御灯祭《おとうさい》の「迎火松明《むかえびたいまつ》」の行事や、那智大社の扇祭の大松明《たいまつ》（那智の火祭り）など、全国的に知られている。それらの火祭り以外にも、日本の代表的な修験センターでもある熊野だけに、諸社で焚《た》かれる護摩《ごま》の煙のゆらぎのなかに、現代日本に生きるイラン的な拝火教のイメージをもつ人々も少なくないだろう。

水の信仰では、熊野では海神の信仰、つまり航海安全、漁獲豊漁の神々への信仰がさかんだ。だが、那智大社の御神体である大滝に対する信仰、滝行、滝籠りなどに、この奔《ほとば》しる水の精に肉体を直接さらすことによって、霊験をえようとする人々も多かった。古代、私たちの祖先が、海上からはるか山なみの中腹、緑の原始林の中にこの神秘の大滝を見た瞬間、これを神と信じた心情は、現在の私たちにも容易に理解できる。

いうなれば、人類が、自然——宇宙の神秘に打たれて以来の、あらゆる宗教の根源的なものが、現在もなお、熊野に息づいているのだ。なぜだろうか。

それは、熊野独特の地理的・歴史的環境による。おそらく黒潮に乗って日本列島に渡来した人々がたどりつく最初の地が、日本本土では、この熊野であること。それだけに多種多様な信仰をもった多種な人々が、太古以来この地に住み、それぞれの信仰をこの地に根づかせたこと。しかも、この地の風土がそれらの異なった精霊たちに寛容であったことなどが原因であろう。

この熊野の地に伝えられた九鬼文書の宗教観が「万教同根」「万教帰一」を志向しているのも当然といえるかもしれない。

日本最古の「花の窟《いわや》神社」

神道史学の大家、西田長男氏によれば、神社の原型は、はるか縄文時代にさかのぼるという。すなわち、現存の神社でもっとも古いのは、神奈川県三ノ宮の比比田《ヒビタ》神社であり、その境内で縄文土器のなかでも最古とされる尖頭《せんとう》土器が発見されている。

また、同社の旧境内からは環状列石の遺構も発掘されている。しかも、その環状列石が出土した地層を中心に、時代を異にした何層かの縄文人の住居跡が見つかった。つまり、この環状列石の中心の石棒は、当時の人々が崇信していた御神体であったのだ。となれば、この神社の発祥は、縄文早期――前六〇〇〇年以上のむかしにまでさかのぼることとなる。

縄文時代にさかのぼれる神社はまだある。やはり神奈川県の大山の独立峯である阿夫利《アブリ》山（雨降山）の頂上にある阿夫利神社がそうだ。

この神社は、竹内文書では太古代アフリカ大陸の民王《ミツトソン》であったアブリノミコトを祀った神社とされているが、その御神体は一本の巨大な石棒《メンヒル》である。

また、神社本殿の背後の小高い場所を発掘した神奈川県文化財専門委員会は、加曽利《かそり》B式土器の破片などを多数発見した。このことから、その地点が縄文後期の祭祀跡だということがわ

那智の火祭り

かった。したがって、この阿夫利神社も縄文神道の社《やしろ》だったということになる。

だが、もう一つ、日本最古と称される神社が熊野にあるのだ。

それは、熊野、七里御浜にあるイザナミノミコトを祀った「花の窟《いわや》神社」である。この、イザナミというよりはむしろ木花咲耶《コノハナサクヤ》姫《ヒメ》を祀る神社にふさわしい名称の由来についてはあとで述べるが、その縁起は『日本書紀』の一書に曰《い》う、イザナミが火の神カグツチ出産のさい火傷《やけど》をして死亡したとき、紀伊国の熊野の有馬に葬ったという伝承にもとづいて建立されたといわれる。一書には、土俗《くにびと》この神の魂を祭るには、花の時に花をもって祭る、またつづみ、ふえ、幡《は》旗《た》を用いて、歌い舞いて祭るとある。ちなみに、この祭は記紀成立以前から行なわれてきたという。

そこから、イザナミを葬った窟《いわや》を「花の窟」

花の窟神社

とよぶようになり、神社名となったわけである。

なお、この神社は岩窟自体が神社であり、御神体であるので、いわゆる社殿はない。

現在、氏子が祭に用いる幡《はた》は、縄を編んで作ったもので、その幡の下にいろいろな花や扇をつり下げる。だが、むかしは錦の幡で、毎年朝廷から献じられたと伝えられている。

この「花の窟」について、西行や本居宣長の詠んだ歌が残っている。

三熊野の　御浜《みはま》によする　夕浪《ゆうなみ》は
花のいわせの　これぞ白木綿《しらゆう》
西行

紀の国や　花の窟《いわや》に　ひく縄の
ながき世絶えぬ　星の神わざ
宣長

さきに花の窟神社に社殿がない、岩窟自体が神社であるといったが、実はインドでは、岩窟に祀られているのはシバの女神だとされているのだ。この女神はヒンズー教の大神の一つで、「恐怖」を代表する破壊神とされている。ヒンズー教の神といっても侵略者のアーリア人の神ではなく、もともと原住民の神であった。それがヒンズー教のパンテオンに入れられたわけである。

たしかに、この大地母神的神格をもつイザナミには、もう一つの面、すなわち黄泉比良坂《ヨモツヒラサカ》でイザナギを追いかけ、愛しの人よ、わたしに恥をかかせたことに対して、貴方の人民を一日に千人ずつ、くびり殺しましょう、と叫んだ烈しさがあった。

大地母神として、万物の母でありながら、地底におし込められて、腐爛した身体を横たえていたイザナミは、一名「黒髪夜叉大神」ともいわれ、彼女の憤怒は宇宙の一切を破壊するエネルギーをもつという。

破壊と創造とを不離不即のものと考えれば、シバの女神とイザナミノミコトとは、あんがい同一神格であったのかもしれない。少なくとも両者の習合は、黒潮のおしよせるこの熊野の地では十分ありえたはずである。

だが、この女神の恐怖と破壊の一面も、この木の国の熊野の海辺においては、花と幡《はた》とによって斎《いつ》かれるものとなる。これがインドと日本とのちがいであろう。

熊野三社神のルーツと海族《うから》・山族《やから》

熊野とは、もともと紀伊半島の南部、紀伊と伊勢の二国にまたがる牟婁《むろ》地方をさしたが、ふつうは熊野三社、または熊野三山とよばれる三つの大社がある和歌山県東牟婁郡の、古代以来の宗教的聖地をいう。

この熊野三社とは次の三つの大社をいう。

熊野坐《います》神社（本宮）

熊野夫須美《ふすみ》神社（那智）

熊野速玉《はやたま》神社（新宮）

では、この三社を、なぜ仏教ふうに「三山」とよぶのだろうか。それは、この三社とも奈良時代以降、神仏習合、つまり本地垂迹《ほんちすいじゃく》説がさかんになってくるにともない、密教の修験者や修行僧の道場となってきたからである。

本地垂迹とは、仏や菩薩が人々を救うために、いろいろな姿をとって現われることをいう。つまり本地としての仏や菩薩が日本の神々の姿をとって現われた（これを本地に対して垂迹という）と説くわけである。

また、この場合、「権現《ごんげん》」ともいうが、これは「権《か》りに現われたもの」という意味である。

そこで、熊野三社を熊野三所権現、あるいはたんに熊野権現ともよぶ。少しややこしいが、その三社――三山の関係は次のようになる。

（官名）	（祭神名）	（本地名）	（顕わした人）
本　宮	家津御子《ケツミコ》神	阿弥陀如来《あみだにょらい》	婆羅門《バラモン》僧正
那　智	熊野夫須美《フスミ》神	千手観音《せんじゅかんのん》	弘法大師
新　宮	速玉之男《ハヤタマノオ》神	薬師《やくし》如来	伝教大師

（以上が三所権現であるが、さらに「若宮本一王子」以下の「五体王子」、「十万」以下の「四所明神《みょうじん》」があり、併せて熊野十二所権現という）。

このように熊野権現は、奈良～平安時代に体系化された本地垂迹説によるものだが、熊野の神々自身は、奈良時代よりもさらに古い時代（崇神天皇の代ともいう）から祀られていた。

ちなみに、この三社の祭神は、

本　宮　　家津御子神＝スサノオノミコト

那　智　　熊野夫須美神＝イザナミノミコト

新　宮　　速玉之男神＝イザナギノミコト

熊野坐神社（本宮）社殿

とされており、これらの神々はまた、

家津御子神（スサノオ）＝樹木・食物の神

熊野夫須美神（イザナミ）＝万物産霊《よろずむすび》の神

速玉之男神（イザナギ）＝航海・幸運の神

とも信じられている。

すなわち、本宮のスサノオが縄文神道の樹霊信仰の延長上の神であり、いかにも木の国の神らしいこと。また神統譜では彼の両親とされるイザナギ（新宮）が航海安全の神、イザナミ（那智）が大地母神であることが注目される。このことは、照葉樹林的樹霊信仰に、南海のイザナギ・イザナミ神話が習合したと見られなくもない。

ちなみに、この三所神の御神体は、山林（本宮）、川（新宮）、滝（那智）と、それぞれ熊野固有（というよりも日本固有の）自然である。

さて、この熊野の神々（信仰）は、熊野川をさかのぼり、あるいは海岸線や海流に沿って全国各地に移動した。北は青森・秋田、西は九州、南は沖縄にまでその足跡が残っている。だが、その移動・定着には一つのパターンがある。それは海――河口――上流へと進むことだ。

このパターンは、日本列島の先住民の移動――定着（分布）のパターンと重なる。ここで私は読者に、上代語で血縁関係を表わす「うからやから」つまり「海族《うから》・山族《やから》」のことを思い起こしてほしい。私たちの祖先は山人族なり海人族として、平和に共存――住み分けていたことを。

だが、いくら「山族《やから》」といっても、山地でチンパンジーから人間に進化したわけではない。それは、かつては日本列島へ海を渡ってきた人々の子孫であるはずだ。つまり、もとはといえば「海族《うから》」出身者である。彼らは、最初の渡来地から、沿岸を舟にのって移動するわけだが、それは海辺――河口――上流（内陸部）というパターンをとっている。そして、「山族」となるわけである。

この「海族・山族」の民族的同一性の核となったものの一つに、私は熊野信仰をあげたい。本社を含め全国二万近くあり、また古代以来、紀州の「三大族」の一つとされている「鈴木」氏が全国で最大多数の姓であることからみても、「海族・山族」の信仰は熊野系のものが中心だったと私は考えている。研究者のなかには、出雲大社のオオクニヌシさえ、熊野大神の下位の神ではなかったかという沢村経夫氏のような研究者もいる（沢村『熊野の謎と伝説』工作舎）。この沢村説も、九鬼文書のスサノオとオオクニヌシの関係から見れば、正鵠《せいこく》を射たものと私には思われる。

出雲が先か、熊野が先か

古代における熊野と出雲との関係は、まだ神秘のヴェールに包まれている。

まず出雲には熊野という地名がある。また熊野神社もあって、それはかつて出雲大社と同格とされていた。いや、同格以上であった。つまり、出雲の国造《くにのみやつこ》の継承の儀式である火鑽《ひき》りの神事に使用する発火器（火切臼・火切杵）は、その熊野神社から下賜されたものであったのだから。したがって、熊野大神は出雲の最高神であったという鳥越憲三郎氏のような解釈も出てくる。

この鳥越氏の解釈とは別に、熊野は出雲の植民地だったという説がある。それはスサノオが出雲平定後、その子のイソタケルとともに、この地にきて、多くの樹木を植えた（「木の国」の名称の起源）とか、若き日のオオクニヌシが兄たちの迫害を逃れてきたのがこの熊野だったという神話や伝説にもとづいたものである。

だが、それで問題がすっかり解決したわけではない。というのも、記紀の神代の巻のほぼ三分の一を占めている出雲神話自体が問題なのだからである。たとえば、スサノオのヤマタノオロチ退治やイナバの白兎、オオクニヌシとスクナヒコナの国造りなど、出雲神話のいわばハイライトともいうべき部分が『出雲風土記』にはさっぱり出てこないのだ。

そこから、かつて出雲神話作為説（偽造説）が津田左右吉博士から出されたことがあった。

すなわち、出雲神話なるものは、高天原から降臨した天孫（ニニギノミコト）に、それ以前から国土（葦原中津国《アシハラナカツクニ》）を所有支配していたオオナムチノミコト（オオクニヌシノミコト）を服従させることによって、天孫の後裔にあたる天皇家の権威と支配の正統性を示すという政治的意図からの創作だという見解である。簡単にいえば「国譲り」（一方から見れば「国盗り」か）の論理化としての創作だということになる。

また、この津田説とは別に、古代の貴族対農民の二元性、いいかえれば大和朝廷対被支配先住民の対立を神話の形をとって表現したのが出雲神話だという見解もあった（肥後和男氏）。だが、最近話題になっているのは、梅原猛氏の「神々の流竄《るざん》」説であろう。その骨子はだいたい次のようなものだ。

壬申《じんしん》の乱後、皇位についた天武天皇が、革命政権の確立と示威のため、天照大神崇拝を表面に打ち出し、畿内の国津神の代表神であるオオナムチノカミを辺鄙な出雲の地に流し、同時にその神を慰撫するために出雲大社を建てたという説である。

つまり、出雲神話の神々は、もとは大和地方にいた神々（国津神）であったが、それが大和から山陰の出雲に流された（押し込められた）ことによって、出雲の神々となったという。したがって、記紀の出雲神話は、それこそ津田博士のいうように後世の作為であり、『出雲風土記』の記述と重ならないのは、むしろ当然ということになる。

これは、きわめて魅力的な仮説であるが、そこから出雲と熊野との関係がうまくでてこない。

出雲大社本殿側面（平凡社刊「日本の美術」3より）

これでは熊野が出雲の植民地だったなどという説は、さらに後世の作為ということになってしまうが、出雲大社よりも以前の熊野神社（熊野大神）の存在はいったいどうなるのだろうか？

私は、まず鳥越説の熊野大神＝出雲最高神説を認めたい。次いで、この出雲の熊野大神は、紀州熊野から移動したものであると考えたい。これは山陰の出雲が「隠野《コモリク》」ないし「神野《カムノ》」であったことを否定するわけではない。出雲の砂鉄資源を求めて移住した紀州熊野の金属文化人が伝えた信仰が、出雲の熊野大神（熊野神社）だったといいたいわけである。

熊野の神々のなかに、高倉下命《タカクラジ》（神倉神社祭神）のように、日本列島に渡来した製鉄工人集団――天津麻良《アマツマラ》船団の指導者であった饒速日命《ニギハヤヒ》の子孫がいること、また、熊野速玉神社の神楽人たちが鍛冶人であったことなどからすれば、熊野人の出雲移動も十分にありえたと思われる。

この熊野先行説が、出雲植民地説に転落したのは、熊野神社（出雲）と出雲大社との地位の逆転後のことであろう。そして、出雲大社を自家薬籠中のものとした勢力によって、熊野は「隅野《クマノ》」、つまり文化果つる辺境というイメージを付与されたのではなかったか。常世《トコヨ》の国、黄《ヨ》泉《ミ》の国（死者の国）という暗いイメージは、抵抗して敗れた先住民の拠点に対して与えられた一種の心理的刑罰であったと私には思えるのだ。

なぜ、熊野にアイヌの風習が残っているのか

熊野三社の起源は、文献的には一応、カンヤマト朝第一〇代崇神天皇の時代にまでさかのぼ

る。

だが、実際はさらに古く、縄文時代にまでさかのぼれるのである。それは、照葉樹林的な樹霊信仰からもうかがえるが、ここでは熊野本宮に残っている厄払いの「お祓《はら》い」の様式をあげたい。

ふつう神社（神道）でのお祓いというと、神官が白紙をつけた榊の小枝（幣）を振って、はらいたまえ、きよめたまえとバッサバッサやるわけである。

ところが、本宮でのお祓い（本格的な）は、いささか異様である。すなわち、神官が薄い太鼓をたたき、そのピッチが次第に早くなるとともに神憑り状態になる。そしてお祓いをするのである。

これは、戦前、アイヌ研究家の金田一京助博士が報告している樺太《からふと》（サガレン）のアイヌのシャーマンの場合やギリヤーク・シャーマンのそれとまったく同じスタイルなのだ。

ここから、アイヌ北方起源説が生まれるわけであるが、北海道のアイヌではすでに失われている風習である。それだけに、それと同じ様式が熊野に残っていることは、熊野の起源に多くの示唆を与える。

つまり、熊野信仰はアイヌを含めて、古代の日本列島のシャーマニズムに起源をもつということ。また、戦前、北海道ではすでに失われ、樺太にわずかに残っていた神聖な習俗は、かつては熊野を含め、日本列島で広く行なわれていたということ。

次に、熊野を含め、この樺太アイヌ的な習俗をもっていた人々が、日本列島の先住者であったのではないか――縄文人北方起源説である。

これは、日本人のルーツをシベリアのバイカル湖畔にいた北方型モンゴロイドとする大阪医大の松本秀雄教授（法医学）の血清中の抗体遺伝子の研究と符合する。

松本教授の調査では血清中のｓｔ遺伝子の頻度が日本人の場合、一〇〇人中四五人である。そしてまた、その頻度は中国では南に下るほど二六～九人と減少し、フィリピン、インドネシアではゼロであることが注目される。

これは、日本人の祖先は南だったが、それに北からの移動した人々が重なったという私のこれまでの考えをむしろ肯定するものだ。

さて、樺太アイヌの、太鼓シャーマンの例も、南方にゆけば、枯れた木をくり抜いた太鼓《ドラム》を連打して神憑る例もあることから、いちがいにアイヌ北方説ないし熊野信仰北方起源説と断定することは難しい。つまり、縄文人北方起源説の絶対的な決め手とはならない。

そこで中間的にいいうることは、樺太アイヌが日本本土に居住していた時代にまで、熊野信仰はさかのぼれるということだ。熊野信仰縄文期発生説である。

かつて、民族学者の鳥居竜蔵博士は、畿内から多数のアイヌ式土器を発見し、日本列島の先住者がアイヌであることを説いたことがあった。だが、昭和に入ると、いつのまにか考古学からアイヌ式土器という名称は消えて、一様に縄文式のことばでよばれるようになった。その間に、どのようないきさつがあったかは明らかにされていない。

また、アイヌ南方説は、かつて何人かの欧米の民族学者によって唱えられたことがあったが、現在はだれも見向きもしない。にもかかわらず内地のアイヌときわめて親近的な関係があった『東日流《ツガル》外三郡誌』の主人公、荒吐《アラバキ》（アラハバキ）族が、北方的というよりも南方的であったことを考えれば、この北方馴化に適応できなかったとされる古モンゴロイドのアイヌの北方起源説は、もう一度慎重に検討されるべきではあるまいか。ちなみに、日本列島居住民のうち、北海道アイヌと形質的にもっともよく似ているのは、沖縄の人々である。

熊野信仰も、このような諸事実を踏まえてその起源を考えるべきである。端的にいえば、照葉樹林帯や、さらに西方にいたる太古的な樹霊信仰と、樺太アイヌ的なお祓いの様式との接点は何か。これはスサノオノミコトがアイヌを含めた太古日本先住民の共通の神であったということであろう。そして、このスサノオの背後には「黒潮」が流れているのである。

熊野では神々は平和共存する

室町時代、といっても文和・延文年間というから一四世紀の半ばごろだが、そのころ成立したとされる『神道集』という神道関係の縁起《えんき》説話集がある。そのなかに「熊野権現《ごんげん》の事」という熊野三社の縁起話がおさめられている。これを読むと、私たちがふつうもっている神道についてのイメージが根底からくつがえるかもしれない。

たとえば、そのなかに次のような説話がある。

むかし、インドの摩訶陀《マカダ》国の善財王に千人の后《きさき》がいた。そのなかで、もっとも醜いのが善法女御といった。王にすっかり見限られた彼女は、それも前世からの因縁《いんねん》として諦め、千手観音に現世・後世の幸福を祈っていた。

その祈りが効《き》いたのか、彼女は三十二相八十種好《しゅごう》の美貌をそなえた金色の身体となった。以来、王は彼女を寵愛し、彼女は他の九百九十九人の美姫たちの恨みを買うこととなった。そして、彼女は妊娠した。

九百九十九人の后《きさき》たちは、彼女を宮廷から退けるため、いろいろ陰謀をこらし、ついに王をあざむいて彼女を鬼谷山の鬼持《きじ》ヶ谷に追放するのに成功した。彼女はそこで斬られることになったのである。彼女が千手経一巻を読み、四方を拝したとき、急に産気づいたが死刑はそのまま執行された。

首を斬られた彼女が、生まれたばかりの王子に乳房をふくませたとき、十二頭の虎が現われてその幼児を護った。王子はやがて三十里ほど離れた苑商山《おんしょうざん》の喜見《きけん》上人のもとに引きとられた。

王子が七歳の誕生日に、上人は王子を連れて国王のもとに参上した。上人からこれまでのいきさつを聴いた王は、声をあげて嘆き、王子と上人と三人で黄金の車に乗り、五本の剣を北方の天に投げ、その剣の落ちたところにいこうといった。

五本の剣は北に飛び、日本にまで達した。

第一の剣は紀伊の牟婁《むろ》郡、第二の剣は筑紫の英彦《ひこ》山、第三のは陸奥《むつ》の中宮山、第四は淡路の和《かのう》、そして第五の剣は伯耆《ほうき》の大山《だいせん》にとどまった。王たちの車も剣とともに北天を翔《か》けり、剣の落下点にそれぞれ着陸したが、最後に第一の剣のとどまった紀伊（熊野）に落ち着いたという。

ごらんのように、これは完全なインド的な縁起話である。もともと『神道集』自体が本地垂迹説を踏まえたものだから、仏教（インド）的色彩が濃く出ているのは当然かもしれないが、それだけでは割り切れないものがある。それは、インドからの渡来者と見られる裸行上人の伝説が示唆するように、熊野とインド間には、古代から黒潮を介してコミュニケーションがあったのではないかと思われるからだ。

「熊野権現の事」には、もう一つの縁起話がある。

それによると、熊野の神は、中国の天台山の王子信（「王子信は誰人なるを知らず。若しくは周の霊王の太子晋《しん》か」と「長寛願文」にある）が、この神の姿をとって現われたものという。王子信は、九州・四国を経て紀州新宮の地に到着した。それから六十三年後、犬飼《いぬかい》の熊野部《くまのべ》の千与定《ちよさだ》が樹上に三つの月を見た。ふしぎに思っていると、自分は熊野三所権現である。一社は証誠、二社は両所権現である」という声が聴えたので祀ったという話である。

さきに紹介したマカダ国王子の話がインドなのにくらべて、これは中国の亡命王子の話となっている。

縁起話はさらにある。それは牟婁郡の摩那期《まなご》というところに住んでいた猟師が、山中で八咫《ヤタノ》烏《カラス》を発見し、そのあとを追ってゆくと、自分が射損じた猪が倒れているところに出た。驚いて見上げると八咫烏の姿は見えなくなっていた。ただ、空にはキラリと光るものが浮かんでいた。それは三枚の鏡であった。猟師は三つの宝殿を造ってその鏡を祀ったという。

以上の三つの縁起話を総合すると、木の国の住民が、海を越えてきた「貴子」（三人の？）を祀ったのが三社の起源ということになる。インドと中国だが、ふしぎに朝鮮が欠けている。

もともと日本人の宗教観はシンクレティズムだといわれている。つまり、複数の宗教を混ぜ合わせて別に気にしない。これを、日本人の宗教に対する寛容さといってもよいし、形而上的な事物に対する無頓着さという人もいるだろう。

だが、私たちの祖先は、その寛容さ、無頓着さから、いわゆる聖戦《ジハド》など行なわず、平和に暮してきたのではなかったか。だいたい固有信仰とされている神道でさえ、仏教と習合していたし、またそれ以前は道教と習合していた。さらに以前は、大陸系のシャーマニズムが濃かったし、拝火信仰、巨石信仰も入っていた。弥生期に入っては竜神（蛇）信仰も混じてきた。

その見事な！　シンクレティズムの世界が、典型的に展開されている熊野で、世界史的古代日本史の伝承を記した九鬼文書が継承されてきたということは、けっして偶然ではないのである。

呉王遺民熊野亡命説の正体は

熊野本宮の祭神であるケツミコノカミをスサノオノミコトとするのが、いうなれば定説である。だが、この神を中国最古の王朝である夏《か》の最後の王、桀《けつ》であるとする見解がある。つまり、夏、殷、周という古代国家が滅亡したさい、中国南部東シナ海よりの呉《ご》の遺民たちのなかで、熊野に亡命した集団がいた。彼らは熊野に落ち着くと、その祖先の夏の桀王を祀った。それが熊野本宮の起源だという（藤井尚治『国史異論・奇説新学説考』）。

その証拠としてあげられるのが、熊野神社を一名、ゴオウと呼ぶことである。このゴオウが呉王であり、その呉王が夏の桀（王）の子孫、つまりケツミコだというわけだ。

ふつうゴオウを牛王《ごおう》と記すのは、呉王では、日本では外国の「王」であって聞えが悪いから、牛王という字をあてはめたのではないかという。

たしかに牛王はスサノオノミコトであって、呉王のことだとはだれも気がつくまい。だが、呉の太伯の子孫が日本に渡来したという伝承は、古くからあり、中国にも知られていた。そして、呉が滅亡したのは、春秋戦国の時代であり、『日本書紀』の年代でいえば第五代孝昭天皇の三年、西暦でいえば紀元前五五九年である。一応、年代的には、そう不自然なことではない。

しかも、この桀御子《ケツミコ》＝呉王説を裏付けるデータとして、「熊野牛王」という熊野三山で頒布しているお札がある。これには七五羽の烏《カラス》が図案ふうにならべて記されているが、問題は、な

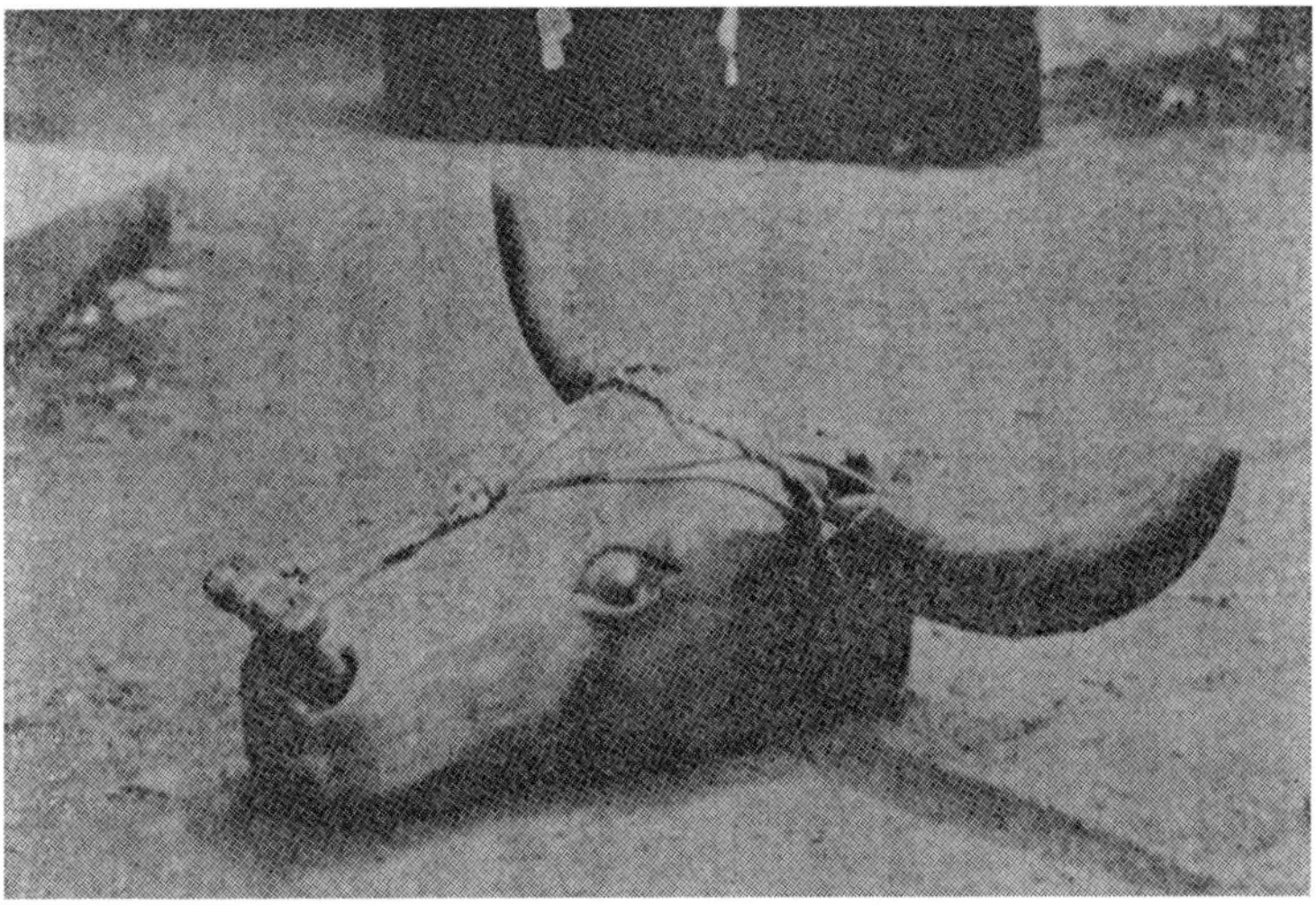

スサノオは牛王か？（那智田楽の牛の面）

ぜ七五羽かということだ。

これは、信州の一ノ宮である諏訪神社の御頭祭に供えられる「猪の頭」の数が七五であることとあいまって、何か意味がなければならない。とくに日本史の「名数表」にこの七五という数字が出てこないことからしても、きわめて特殊な意味があるはずである。

この点を、藤井尚治は次のように解している。

まず、夏から殷、殷から周にいたり、その霊王の時代までの「王の代数」がこの七五だという。つまり七五羽の烏は、七五代の王にちなんだものだとするわけだ。だが、なぜ東周一一代の霊王で区切ったのか？　東周王朝自体は二五代の赧王まで続いたのにもかかわらず、である。春秋戦国時代は、前七七〇年の周の東遷から始まっているのだから、とくに霊王（前五七一～前五四五）までとした理由は不明である。ただ、一二代景王の最後の年は、内紛で、晋《しん》によって敬王が擁立されるということがあり、周王室の権威は、ここにきわまったといえる。したがって、一一代の霊王でもって、区切りとしたのかもしれない。

それはそれとして、問題の核心は、やはりゴオウ＝呉王説であろう。呉の滅亡時に、大量の亡命者が出たことは、春秋戦国の苛烈さから十分考えられることである。敗戦国民にまち構えているのは、全員虐殺か全員奴隷の運命なのだから。しかも相手は、宿敵の越《えつ》であるのだからなおさらのことだ。

航海民族である呉の人民だから、海に逃れるのは当然であり、その亡命船団の一部が黒潮に乗って熊野に到着するということは、十分に考えられることである。

しかも、彼らが渡来したのが、『日本書紀』でいう孝昭天皇の時代である。この孝昭王朝は、孝安・孝霊・孝元・開化と続き、神武王朝とは別系統のものであること。これが、天皇の祖先を、呉の太伯の子孫とする伝承を生んだのである。この伝承は、江戸幕府の儒官林羅山、鵞峰の編した近世最大の史書『本朝通鑑』に採用されている。そして、それを見て憤った水戸光圀が『大日本史』の編さんを決意したというのも有名な話である。

なお、熊野の、この呉王遺民渡来伝承が、後年（孝霊天皇の代）、秦《しん》の方士、徐福が熊野に渡来したという伝承の、いわば下敷きになったのであろう。呉王（中王）を祀った摂社末社が熊野の「九十九王子」とよばれるものだともいわれている。

神武天皇は秦の徐福だった！

熊野には、神武朝七代孝霊天皇七三年、秦の始皇帝の命を受けた方士（仙術修行者）の徐福《じょふく》が、不老不死の霊薬を求めて、八三隻の大船団を率いて渡来したという伝承がある。

その船団には、一五年〜三〇年の航海に耐えるだけの金・銀・銅・鉄、それに衣服・食糧・種子・農器具・織機などの器具類が準備され、農業・製糸・医薬・金属精錬などの技術者を含んだ数千人が乗船していたが、乗組員には童男・童女が各五〇〇人含まれていたという。

この徐福の大航海について、目的地は日本ではなく、アメリカ大陸だったという説もある。また、船団は暴風雨でばらばらになり、その一部が八丈島に漂着したという伝承もある。すなわち、童女を乗せた大船が辛うじて暴風雨を逃れて八丈島に着いた。そのため八丈島は女性だけの島――女護ヶ島になったというわけである。

さらに、徐福は紀州（波田須《はだす》）に着いたのち、天皇が遣わした竹内宿禰《タケノウチノスクネ》を水先案内として東航を続け、駿河湾で霊峰富士を見、この地こそ目的の蓬萊山《ほうらい》であるとして上陸、富士山麓に落ち着いたという伝承もある。徐福は、当時、富士山麓にあった富士皇祖皇太神宮の神官に、日本の超古代史を教えられ、感嘆、それを漢文で記したのが「宮下文書」だという（そのため宮下文書は「徐福文献」ともよばれている）。

一方、中国人の研究者、衛挺生は、この徐福は神武天皇だという意見を発表している（『神武天皇＝徐福伝説の謎』）。かりに、当時の日本列島に、はるかに進んだ文化をもった数千人の水軍を率いて渡来したとすれば、それこそ先住民の抵抗を排除して畿内に支配政権を樹立することは不可能ではない。それだけに魅力的な仮説といえるだろう。

もちろん、この仮説（神武天皇＝徐福論）を検証するといっても、直接的な証拠などあるわけはない。ただ、徐福の船団が『史記』に記されているように、東方――蓬萊国をめざして出航したというのは事実であろう。また、その船団が――少なくともその一部が――日本列島に漂着したということも十分考えられることである。さらに、その漂着地が熊野だったということも、海流の性質から見て多分にありうる。しかも、熊野市東部の波田須町には、徐福宮が建っており、新宮市には徐福の墓とされている墓もある。それだけに徐福をめぐる伝説には事欠かない……。

だが、これらはすべて決定的なきめてとはならない。そこで、少しちがった角度からこの仮説を眺めてみたい。

まず、神武天皇の東征（大和進入）は、熊野から進行して成功したと伝えられている。記紀の神武天皇像がかりに後世の作為的なものだったとしても、徐福の渡来したとされる時期は、ちょうど弥生前期にあたり、日本列島の社会・文化（そして政治）が大きな変革期にさしかかった時代である。稲作というもっとも生産性の高い農業の移入、普及がはじまった時代ということだ。

稲作というのは、金属精錬の技術と同じく、きわめてシステム的なものである。少数の稲作経験者の渡来だけでは、稲作技術の転移は不可能であるということだ。その点、徐福船団には、食糧の自給自足まで考慮して、多数の農業専門家、農器具、種籾《たねもみ》などが積まれていた。となれば、彼らが熊野に上陸し、現地人の抵抗を排除して大和を占領し、畿内に稲作農業を展開、その高い生産性と蓄積とを背景に、日本列島を支配する王朝を樹立することも、比較的簡単である。

この畿内の新勢力（支配者）に対して、すでに稲作をとり入れて、相当程度の文化をもっていた九州が、頑強に抵抗したということはよくわかる（熊野や隼人に対する大和朝廷の遠征は、もし神武天皇が九州より東遷したというなら、ちょっとわからなくなる）。

また、この徐福王朝の後身が、七世紀の、隋の使節団の報告（『隋書倭国伝』）に出てくる、謎の「秦王国」だったと考えれば、なお面白い仮説となるわけである。徐福船団の後裔は、秦人の後裔にあたるわけだから、「秦王国」とよばれてもおかしくはあるまい。

熊野の三山、大和の三山は、徐福らの理想郷「東海三山」のミニチュアだったかもしれない。熊野は、この徐福伝説を入力《インプット》することによって、古代史の裏面に、より大きな存在感をもつにいたった。

役《えん》の小角《おずぬ》はなぜ警戒されたのか

熊野に縁の深い人物をもう一人あげれば、役《えん》の小角《おずぬ》（役の君小角、役の行者）であろう。彼は奈良時代初期に実在していた呪術者で、大和の葛城山麓に生まれたという。『続日本紀』によると、彼はその巧みな呪術で世を騒がせたという罪で、文武天皇三年（六九九）、伊豆に流された。配所で彼は、鬼神を駆使して水汲みや薪《たきぎ》採りなどをさせ、自身は空中を飛翔して富士山頂で遊んだとある。

彼の出身は賀茂氏の流れといわれているが、大和朝廷に敗れた出雲族を祖とする採薬行者集団の出身であり、祖先伝来の鎮魂・帰神の法や起死回生の呪禁《まじない》、悪事・災難を防ぐ禁厭《きんえん》などの達人でもあった。私は、それに加えて彼は採鉱冶金のすぐれた技術者であったと考えている。

出雲族といっても、別に山陰の出雲にだけ住んでいた先住民のことではない。それは、中国山脈から日本海地方、畿内から中部山岳地帯、さらには越《こし》の国にかけて居住していた大和朝廷成立以前の先住民集団のことである。したがって、役の小角は、生まれながらの「山の民」であり、反体制側に組み入れられていたということになる。

彼は、修験道の開祖とされ、空海（弘法大師）とともに民衆から敬慕され、半ば伝説的な人物となっている。最近は平井和正氏の『幻魔大戦』に、主人公の東丈の前身として颯爽と登場しているからご存知の方も多いだろう。

役の行者像（青岸渡寺）

彼は、いわゆる呪術者としての自分に満足せず、大和朝廷がもってきた太陽神信仰を、山霊を神とする古代以来の山岳信仰と習合させ、さらに仏教の密教（雑密《ぞうみつ》）修法を加え、修験道を築こうとした。だが、民衆の間における彼の人気が、体制派の危惧《おそれ》るところとなり、弾圧されたのである。

役の小角一族の本拠とした葛城山系は、近畿の屋根といわれる紀伊山塊と紀の川をはさんで向かいあっている。体制派によって葛城山系での採薬が禁じられたとき、彼が紀伊山塊に入るようになったのも無理はない。彼が熊野と関係をもったのは、そのためでもあった。

彼は、罪を赦《ゆる》されて故郷に還ると、一族の今後の生き方として、修験道に本格的にのめり込んでいった。彼は、畿内の三山（金剛・

金峰・大峰）を修行場とし、次いで出羽の三山（羽黒・月山・湯殿《ゆとの》）に移り、さらに諸国の霊山をつぎつぎに開いていった。これは、「山の民」である一族が、「里の民」と無意味な競合におちいることを避け、一族の新たな生活の天地を開拓するためのものであった。

彼は、山の民と里の民とを争わせ、山の民を里の民から疎外させるという体制側の陰謀を巧みに回避したのである。彼は、里の民をも山の民と同じく大和朝廷（奈良朝廷）によって圧迫されている同胞としてとらえていた。

そのため、役の小角の名声は「大聖」として全国にきこえ、彼の門に入るもの二万余人、といわれた。これは当時の他の神道、仏教修行者の数を大きく上回っていた。

この彼が熊野に赴いたことは『神道集』にも記され、熊野に修験道場を開いたのも彼だとされている。

九鬼文書の「渡来秘法篇」に「吉祥天法《きっしょうてん》」という秘法が記されているが、この秘法をあみ出したのは役の小角だったと記されている。吉祥天法とは「伏虫の法《ふせむし》」ともいわれている。この場合の「虫」とはいわゆる毒虫や害虫でなく、マムシ（毒蛇）のことである。

熊野——紀伊山塊には、マムシが多く棲息していた。そのため山中で修行する修験者にとっては、いかにしてそれに咬《か》まれずにすむかということが大きな現実的な問題となる。役の小角の「伏虫の法」は、修験者たちにとっては大きな福音であった。

熊野で彼がいかに崇敬されていたかといえば、九鬼文書の「熊野修験指南抄」に、「役行者於印度最所《さいしょ》事並行者出生事」として、彼の前世が迦葉仏《かしょうぶつ》（釈迦以前に生まれた過去七仏の第六番目に世に出た仏）であり、その第七生が行者（役の小角）だと記されていることからもわかろうというものだ。

それだけに、体制側にとって彼は、けむたいというだけでなく、危険な存在と見られたわけである。律令制施行のさい、多くの奴隷が解放され、公民とされたが、役の小角の一党に対しては、どの身分にも属さない（奴隷以下の）浮浪者、無籍者として処遇したことからも、体制側が役の小角一党に対して抱いた警戒のほどがわかるのである。

第七章

天翔ける夢――大本教と九鬼文書

何が大本教の破竹の進勢を支えたのか

九鬼文書の継承――保管者は、関ケ原の戦後、海を奪われ、霧深い丹波の綾部の里に封じられた海賊大名の後裔である九鬼家（熊野本宮宮司）である。

だが、太古代以来の伝承を記した文書を保管していた――これも立派な継承であるとしても――ということは、伝承の内容を現代に生かそう、いいかえれば、実践的に継承したこととは必ずしも一致しない。

私がここでいう、九鬼文書の実践的継承とは、具体的にいえば、古代出雲王朝の伝統の復活である。古代出雲王朝といっても、九鬼文書ではそれを前期・後期と二つに大別している。前期は元始神モトツワタラセの直裔であるイザナギの三日大御子《ヨキミコ》（三貴子）がそれぞれ神皇位にあった「出雲三代」である。後期はスサノオの後裔であるオオクニヌシ八代王朝である。

私のいう出雲王朝の復活とは、太古代天皇制の復活ではない。スサノオノミコトの復権である。オオクニヌシの黄金時代の基礎をつくりながら、諸神の陰謀によって神皇の位から追いやられた神、押し込められ、漂泊《さすら》った神、スサノオの復権活動こそ九鬼文書の実践的継承であるはずだ。

では、この実践的継承は、だれによって、どのように試みられてきただろうか。

ここに一人の丹波の中年の主婦（未亡人）が登場する。その名は出口ナオ。すなわち戦前最

大本教開祖、出口ナオ

大の民間宗教、大本教《おおもと》の開祖である。

貧困と家庭的不幸に前半生をさいなまれた無学文盲の女性が、その貧窮と苦悩のドン底で「ウシトラノコンジン」（艮ノ金神）と名乗った神の召命を受け、おそるべき予言や霊能を周囲の人々に示しはじめたとき、大本教が誕生した。

近代化の名のもとに民衆の生活を貧困と苦悩におとしいれている腐敗した藩閥権力機構の解体、つまり「体主霊従《つよいものがち》」の世から「霊主体従《ひのもと》」の世の中の建設、いわゆる世の中の「立て替え」「立て直し」を叫ぶナオの教えは、燎原《りょうげん》の火のように広まった。丹波の農民や貧しい製糸女工、近隣の中小商工業者や労務者、教師、陸海軍兵士から士官、さらに都市の知識層まで巻き込む福音となった。

その信仰共同体は、やがて海を渡り、朝鮮・台湾・南洋諸島などの植民地、次いで中国・欧米・中南米にまで広がり、戦争反対・差別反対・搾取反対の解放の輪を広げていった。

この大本教団の破竹の進勢を可能にしたエネルギーは、それまで押し込められていたウシトラノコンジンを世に出すことによって、体制変革、「三千世界一度に開く梅の花」の「ミロクの世」を実現させるという信者の召命感であった。

その召命感を多くの人々によび起こしたものはなにか？　ここに原始大本教団の秘密がある。

大本教団の驚異的発展は、出口ナオの女婿となり、二代目教祖出口スミの夫となった出口王《お》仁三郎《にさぶろう》の天才的組織力によるといわれる。たしかに彼は、出口ナオとそのわずかな側近グループからなるささやかな丹波の片田舎の信者集団を、全国的、さらには世界的な大本教団にまで発展させることに一応成功した（「一応」と断わったのは、彼の意図が国家権力の二度にわたる弾圧によって挫折させられたからである）。

だが、いかに王仁三郎が組織の天才であっても、肝心のナオの教義そのものがダメだったらどうしようもない。つまり、王仁三郎の才能を傾けて実効あるものにするだけの何物かがナオの教えに含まれていたということである。

その何物かが大本教躍進の秘密であり、大本教の教義の核心である。私はそれを、九鬼文書の伝承のなかに見出すのである。

大本教と九鬼文書のかかわりあい。これはアカデミックな現代宗教史ではまったく無視されており、教団自体もそれを公けにすることを避けているのだろうか。戦後出された上下約二二〇〇ページに及ぶ『大本七十年史』にも、その両者のかかわりあいを示唆するような記事は一行も出てこない。にもかかわらず、当初、出口ナオの信者組織の要《かなめ》となったのが、旧綾部藩（九鬼藩）の家臣団であったことは、まぎれもない事実なのだ。

この九鬼家、九鬼文書とのかかわりあいのなかにこそ、大本教団発展の秘密があった。その秘密、それがウシトラノコンジンの秘密なのである。

では、ウシトラノコンジン――この、崇《たた》り神として人々に忌み嫌われ、差別され、隔離され、押し込められてきた神の、その実体はなにか。

艮《ウシトラ》ノ金神《コンジン》とはいかなる神か

出口ナオが啓示を受けたウシトラノコンジンという名は、『古事記』や『日本書紀』の神統譜には、もちろん見かけない。その土俗的ニュアンスから、陰陽五行説の鬼門《きもん》（艮）の神かと思われるかもしれないが、実は、この神さまは大変な神さまなのである。

出口ナオは、この神こそ邪神に押し込められた神であり、この神が世に出る（再現する）ことによって、世の中はいっきょに改まるとお筆先《ふでさき》に記した。

ナオのお筆先（仮名書き）を漢字仮名混こう文に直し、公表したのが出口王仁三郎である。王仁三郎が書き直し《リライト》したものが「大本神諭」であるが、それにもとづく王仁三郎の神学的解釈によると、ウシトラノコンジンは国祖国常立神《クニトコタチ》だという。

もともとこの神は、創造神を助けて造った地球を、太古代、統治していたが、その神政のきびしさ（ここからこの神を「厳霊《いずみたま》」ともいう）から、神々の不平分子の反発を招き、ついに世界の混乱の責任をとって隠退に追い込まれた。

世界統治に挫折したクニトコタチの祈りに応じて、諸悪で乱れた世界を救うために新たに救世主《メシア》として出現したのがスサノオノミコトであった。このスサノオは、記紀のスサノオのイメージとはちがい、豊かな感性と力強い神威とをもつことから、クニトコタチの「厳霊《いずみたま》」に対して「瑞霊《みずみたま》」とよばれる。強いていえば、『古事記』の、亡き母イザナミを慕って泣く純情さと、高天原でアマテラスの軍勢を粉砕したパワーを記紀のように否定的でなく、肯定的に読みかえれば、王仁三郎のいうスサノオのイメージということになる。

以上が、大本教義の二本柱「国祖神隠退再現神話」と「スサノオノミコト救世主説」の骨格である。

それにしても、ウシトラノコンジンという名は、やはり一般者にとり唐突《とうとつ》である。この神がクニトコタチなら、なぜ、はじめから（わかりやすい）名を名乗らなかったのか？　そうしたら、教義ももっとわかりやすくなったのではあるまいか。だがこの神は、あえてこの異様な名を名乗った。これはいったいどういうわけなのだろうか？

その疑問に対して、一応、次の二通りの解答が考えられる。

一つは、複雑な神道的ないし神学的予備知識などない無学な農村の中年の未亡人に対しては、もっともわかりやすい、いや、もっとも受け入れやすい土俗的な名を名乗ったほうがよいという神自身の判断。事実、ナオは当時金光教《こんこうきよう》に関係していた（看板を借りていた）し、彼女の周囲の人々にも、この「金神《コンジン》」という名称にはとくに違和感がなかった。

もう一つは、押し込められた神というのは、存在を否定され、その名を抹殺された神である。つまりその正しい名を奪われた神である。したがって、その神は、ふたたび世に出るまでは、他の名称でよばれるという神界の、いわばルールによって、彼は自身をウシトラノコンジンとまず名乗ったという解釈である。

ここに新しいデータを一つ紹介しよう。

それはウシトラノコンジンという名が、すでに九鬼文書の「鬼門呪詞」に出ていたということである。

ウシトラノコンジン

「そもそも宇志採羅根真《ウシトラノコンシン》大神《オオカミ》と申し奉るは、すなわち造化三神、天神七代、地神五代、陰陽の神の総称にて、日月星辰・三千世界・山川草木・人類禽獣《きんじゅう》を始めとし、森羅万象《しんらばんしょう》の万物をして宇宙の真理より創造大成せらるる神の御事《おんこと》なり」

という。具体的には、

「天之御中主之神《アメノミナカヌシノカミ》・高御産霊《タカミムスビ》神・神御産霊《カムミムスビ》神・伊弉諾《イザナギ》神・伊弉冉《イザナミ》神・天照大御神《アマテラスオオミカミ》・月夜見《ツキヨミノ》大神・建速素戔嗚《タケハヤスサノオ》大神」

を奉斎主神とし、総合して宇志採羅根真《ウシトラノコンシン》大神という名称で崇めるという。

この総合神という神観は、近世後期以降に出てきた民衆宗教によく見られる。金光教の「天地金乃神」、天理教の「天理王命《テンリオオ》」などがその例である。

さて、ウシトラノコンジンであるが、九鬼神学では、世界（地球）を東西に分け、その東半球の北東の国、つまり丑寅《うしとら》の方角にあたる国が日本であるという。そして、その国こそ、全世界の創造大成を担当する使命をもつとしている。

なぜなら宇志採羅《ウシトラ》は、宇宙真理の根元であり、根底をなしているから、神々を総合する場《フィールド》であり、神国であり、万物を主宰する主《あるじ》となるからである。

このように九鬼神学でいえば、この神は原宇宙モトツワタラセのもとで、宇宙万物を創造した最高神である。それだけにまた、なぜ、このような鬼門神なみの名でよばれているのかという疑問も湧く。その理由は、やはり大本教の「国祖神隠退再現神話」に求めるしかない。つまり隠退させられ、抹殺された神であるがゆえに、その本来の名を奪われたということだ。とすれば、出口王仁三郎は、九鬼文書を完全に読み切っていたといえる。

大本教と九鬼家の謎めいた関係

「宇志採羅根真《ウシトラノコンシン》」という六字は、出口ナオの伝記をいくら読んでも出てこない。したがって、九鬼文書を知らない人には、この神と彼女との結びつきについては、さっぱりわからない。ただ、ある夜、突然この神が彼女に憑《かか》ったというだけの話となる。

ところが、九鬼家と出口ナオとのあいだに次のような因縁があったとすればどうだろう？すなわち、代々地方の名大工の家系として知られていた出口家は、藩主の九鬼家との関係が深かった。そのこともあって、ナオも自然、九鬼家に出入りするようになったと思われる。しかも、彼女の夫の政五郎も腕のいい大工だった。事実、彼女は出口家没落にはじまる一家を襲った災厄のたびごとに、九鬼家の邸内の本興稲荷《ほんこういなり》に参籠していたという。彼女は、一家や自分にかぎりなくふりかかってくる凶運を、九鬼家の本興稲荷の功徳《くどく》によって、払いのけてもらいたかったわけである。

そして、ある夜、彼女は九鬼家（九鬼文書）の伝承に秘められていた神――宇志採羅根真（艮ノ金神）の啓示を受けた。その啓示ははじめはナオの口からことばとなって現われたが、やがてお筆先となった。そうした因縁があったため、「大本神諭」の冒頭には「九鬼大隈守と申すは云々」とあった。ただし、現在公刊されている大本文献には見えない。

このように、現在公刊されている大本教関係の文献には、大本教（出口ナオと出口王仁三郎）と九鬼家ないし九鬼文書との関係を記したものはない。

にもかかわらず、この二人と九鬼家との関係がなみなみでなかったことは、次に掲げる王仁三郎が九鬼二一代隆治（子爵）宛に出した書簡を見てもわかるはずである。

謹　啓

御懇篤なる尊書を賜わり有難く御礼申上げ奉り候。
大本教の神示に就《つい》ては貴家と最も深き因縁《いんねん》これある様《よう》、故教祖（注・ナオのこと）より毎日聞き及び居り候得者《そうらえば》、何《いず》れ、機熟する時は、閣下の御世話様に頼らねば成らぬ事之《これ》有り候に付き、向後宜敷《よろし》く御願い申上げ奉り候。
申上げたき事山々之《これ》有り候得共《そうらえども》、赴神（注・神戸行き）の時に譲り申し候。早々
不備
九月十七日
出口王仁三郎
子爵　九鬼隆治様

発信年が不明だが、これはこの書簡の封筒の郵便局の消印《スタンプ》がはっきりしないためである。ただ、内容から見て、出口ナオの死後（大正七年以降）から、あまり経っていない年のものと思われる。

ただし、この書簡だけでは、王仁三郎と九鬼家（九鬼文書）との深い因縁は、彼の義母であり教祖である出口ナオと九鬼家（九鬼文書）との関係の延長上のものと解される。だが、彼自身も、九鬼神道の本部である高《たか》御位《みくらい》神宮本庁において、ある期間、九鬼神道のトレーニングを受けている。大正一〇年の第一次弾圧時まで、大本教の特徴だった「鎮魂帰神」法は、九鬼神

学の秘法であった。また、彼だけでなく、大本教の大幹部たち、たとえばのちに世界救世教《メシア》を開いた岡田茂吉、生長の家の谷口雅春、三五教《アナナイ》の中野与之助、天行居の友清観心などはみな、ここで九鬼隆治のもとで修行したといわれる。すなわち、九鬼文書は、これらの人々が開いた新しい神道系諸宗教の母胎といってさしつかえない。

そのため、王仁三郎も、九鬼水軍の総帥九鬼嘉隆の記念碑を、旧九鬼邸跡の綾部市上野小学校構内に建立するのに尽力した。また、九鬼家と親しい関係にあって、のち『九鬼文書の研究』を出した三浦一郎を教団の最高顧問に招請したし、戦後、教団再興後も三浦は大本教講師室で依然として優遇されていた。

あるいは、戦前――大本教の興隆期に、王仁三郎は日刊大正新聞を買収して機関紙としたが、その編集長に、高御位神宮本庁の総管(ゼネラル・マネージャー)として、中臣祭主九鬼隆治を補佐していた池沢慈星を迎えている。

これらの事物が物語ることは、九鬼家(九鬼文書)と大本教との因縁であり、九鬼文書と大本の教義を読めば読むほど、両者の関係の深さに驚嘆せざるをえなくなる。

だが、戦前の二度にわたる弾圧は、両者の関係を表面化することを困難にした、大本教側では、九鬼家に迷惑を及ばさぬよう配慮したのであろう。また九鬼家も、大本弾圧が治安維持法だけでなく不敬罪を適用されたことについて頭をかかえたかもしれない。なにせ戦前では、華族は皇室の藩屏《はんぺい》とされていたのだから。

高熊山の秘跡——〈巨大な熊〉の謎

大本教の特徴は、同じカンナガラであっても、伊勢（神宮）を問題にせず、出雲（大社）を重視する点にある。

これは、民衆宗教としては、むしろ当然といえる姿勢かもしれない。というのも、伊勢は皇室神道のいわば御本尊であり、神聖不可侵の面だけが強調され、民衆にとっては、とても親しみなどもてそうもない。第一、天照大神のパーソナリティと大黒様として親しまれている大国主命のそれとを比べてみただけでもわかる。つまり、伊勢の天照大神は征服者の神（天津神）であるのに対して、出雲の大国主命は被征服者の神（国津神）である。それだけに伊勢より出雲のほうが、日本人の深層意識に訴える面が大きい。

大本教の出雲志向ということは、いいかえれば、国津神志向ということである。出雲は国津神のシンボルなのだ。

そこで考えられるのは、出口王仁三郎の召命——高熊《たかくま》山での神秘体験である。

それは、彼がまだ上田喜三郎と名乗っていた時代（二八歳）のことである。村で任俠の徒として幅をきかしていた彼が、女性問題で三人のやくざの恨みを買い、不意打ちをくらって半死半生のめにあったことがあった。彼もさすがに馬鹿々々しいと考えたのだろう。嘆き悲しむ祖母と母の涙を見て、悔恨の念で五臓六腑《ごぞうろっぷ》がえぐられるような苦しさを覚え、無意識状態におち

高熊山修行。自叙伝の一コマ。人物は出口王仁三郎

いった。

彼の回想によると、そのとき洋服を着た一人の男がやってきて、自分と二、三問答を交わし、それから自分は富士山へゆくべく家を出た。だが翌朝、富士山ならぬ自分の郷里の丹波の穴穂《あなお》の高熊山の岩窟に坐っている自身を見出したという。

その場所で彼は七日間修行し、天眼通・自他心通・天言通・宿命通の大要を会得し、過去・現在・未来に透徹し、神界の秘奥をうかがい知ることができるようになったと述べている。つまり、あらゆる超能力を身につけたというわけだ。

修行中、彼の肉体は岩窟のなかに端座したままだったが、その霊魂は肉体を離れ、神の使い（天使）に導かれ、霊界をめぐり、天地創造から地獄の底まで詳しく探険したという。

その探険の記録が、のち「神諭」とともに大本教典とされた『霊界物語』（八一巻）である。

　さて、問題は高熊山である。彼はそこで修行中、巨大な「熊」が出現したという。もともと、この山は上古、開化天皇（崇神王朝に先行する孝昭王朝の最後の天皇）を祀った神社があったところであり、しかも山自体が「巨大な熊」だという伝承があった。

　ということは、おそらく高熊山は、熊をトーテムとする日本列島先住民の聖域であったとも解される。さきにあげた『神道集』の「熊野権現縁起」にも、大きな熊が出てくるが、その文脈でゆけば、熊野も、その熊トーテム部族のテリトリーだったということになる。

　また、神武東征神話にも、大阪湾への上陸に失敗した神武軍団が、海上を南下、熊野に上陸し、そこから陸路、大和に進撃しようとしたとき、「巨大な熊」が軍団の前後に隠顕し、そして姿を消した。それと同時に神武軍団は全員、一時、意識不明となったとある。

　この神話は、神武東征に対する土着先住民（国津神）の抵抗を象徴化したものと解されている。だが、その抵抗のシンボルとして、「巨大な熊」が登場してくるのは、きわめて示唆的である。

　はたして、この熊の実体はなんだったのだろうか。私は、やはり「カム」（神）、つまり先住民の神（国津神）のことだろうと思う。そのカムが転呼されてクマとなり、熊の字を当てられ、さらには山の神の熊のイメージに転化したのではなかったか。とすると、この高熊山のある丹波も、熊野文化圏に含まれるということになる。

にもかかわらず大本教は、熊野を表面に出さず、なぜ山陰の出雲を志向したのだろうか。その理由について、次の諸点が考えられる。

(1)出口ナオは、九鬼文書的文脈での出雲を、記紀的文脈での出雲と同一視したこと。ナオの知的生活環境からして、これはやむをえない。

(2)出口王仁三郎も、紀伊の熊野権現よりも出雲大社のほうが、組織拡大にとって、より有利だと判断したこと。熊野に傾斜することは、熊野別当宗家であり、九鬼文書の保管者である九鬼家に傾斜することとなり、教団に微妙な影響をもたらす危惧がある。

それは、教団での出口家のイニシアチブが失われる危惧があるというよりも、当時すでに華族であり、いやおうなしに体制に組み込まれていた九鬼家が表面に出れば、体制変革と連動するナオや王仁三郎の「立て替え」「立て直し」の意図が失われることに対する危惧であった。つまり、九鬼家を表面に出すことによって、九鬼文書の本質が失われるという矛盾を王仁三郎は洞察していたわけである。

ユーラシア大陸へ翔《か》ける夢

出口王仁三郎は、たしかに巨人であった。これは大宅壮一ふうの虚人などではない。それだけに彼の抱いていたビジョンは壮大であった。

彼は、押し込められていた巨神——艮ノ金神（スサノオノミコト＝出雲王朝の祖）を世に出すことによって、世の中の「立て替え」「立て直し」を行ない、ミロクの世を地上に実現しようとした。彼がそのためにとった戦略は、辺境から中央への進攻というシーザー的なアプローチであった。そもそも丹波（綾部）は、その地理的位置こそ本土中央であるが、大和朝廷以来、実質的には辺境といってよい。

彼は、その辺境から中央へという戦略から、宗教活動も日本本土に限定せず、朝鮮・台湾・南洋群島など、いわば日本の辺境を重視した。大本教の宣教活動は、これらの植民地では、解放のイデオロギーとしてとらえられ、植民地人信者は第一次弾圧以前すでに朝鮮総督府や台湾総督府から圧迫されていた。当局はこの教団のもつ解放的パワーにおそれをいだき、中央（内務省）には、植民地当局者からの悲鳴が殺到していたのである。

だが、王仁三郎の「辺境からの進攻」戦略は、さらに拡大され、二〇世紀世界の辺境であるアジア・中南米など、被圧迫民族の団結でもって、世界の中央――ヨーロッパやアメリカを包囲するという、後年の毛沢東的な壮大な構想へとつっぱしった。事実、ブラジルなど後進国と見なされていた国々の信者の七〇パーセント以上は現地人であったのである。彼は、これを「世界の廃藩置県」と称していた。

彼は、既成の世界宗教の限界をつとに洞察していた。各大宗教が、おのれひとり尊しという偏見に毒され、神々の闘争に血道をあげていること自体、それぞれの教祖、開祖たちの理想に反するはずだと確信していた。

彼の「万教同根」「万教帰一」という考えは、すべての宗教は神道から出たものとか、神道こそが世界に冠たる宗教で、すべては神道に帰するなどというケチな国粋主義的なものではなかった。それは、彼が傾倒したエスペラントの父、ザメンホフの「人類人主義《ホマラニスモ》」と根底において相通じるものであった。

そこで彼は、イランのバハイ教、朝鮮の普天教、中国の道院（紅卍学会）、ベトナムのカオダイ（高台）教などをはじめ、ヨーロッパではドイツの白旗団、ブルガリアの白色連盟、イギリスの至大世界教団など、キリスト教的心霊主義的世界同胞主義教団や、南米の精霊の霊教団など、世界主義的宗教教団と提携した。

彼は、この提携を「神々の国会」とよんでいた。世界の「立て替え」「立て直し」を暴力《ハードウエア》に頼らず、人類人主義《ホマラニスモ》による連帯というソフトウエアで行なおうとしたのである。

この彼の構想は、黒潮によって運ばれてくる、あらゆる神々、あらゆる文化を、寛容に受け入れる熊野的発想といってよい。それは神々の流《る》竄《ざん》の地、山陰の出雲的なイメージをはるかに超えたものである。

大正一〇年（一九二一）二月一二日の夜、つまり大本教が第一次弾圧を受けた夜、彼は大空の一角に上弦の月と太白星（金星）が異様なまでに輝くのを見た。そして翌年の一二月、こんどは日・月・星が同時に輝くのを見た。さらに翌大正一二年のやはり二月一二日、白昼、空に楕円形の月と太白星とが輝くという奇現象を見ることとなった。

モンゴールでの出口王仁三郎

そこで彼は、自分のかねての大願が成就される時期がきたと感じたという。その大願とは、まず満蒙の天地に世界平和の礎となる理想郷を建設し、そこを根拠としてユーラシア大陸の東半分の民族・宗教連合を結成することであった。

彼は、神道・道教・儒教・仏教・回教・キリスト教という世界宗教を「万教同根」「万教帰一」の精神で連帯させ、世界人類の永遠の平和——ミロクの世を達成しようと夢みたのである。彼の計画は、内外モンゴールを経て、シルクロードに沿って西進、アラル海、カスピ海を右に眺め、左折、南下してアラビア半島に出、インド、東南アジア経由帰国というものであったが、最終目的地は、白人根《シロヒトネ》国のノアの子孫たちの住む聖都エルサレムであったという。

これが不敬罪で逮捕、起訴され、保釈中の彼が描いていたビジョンであった。彼はスサノオノミコトの出自を、宮下文書など古史古伝が示唆するパミール高原の麓シルダリア・アムダリア両河の流域と考えていたのかもしれない。それともスサノオの後をついだオオクニヌシが黒《クロ》人根国《ヒトネ》（オリエントからアラビア、インド）の支配者であったという九鬼文書の伝承に導かれ、シルクロードを踏破しようと考えたのであろうか。いずれにしても「妣ノ国《ハハ》」に対する日本人の原郷思慕と解されなくもない。

彼はわずか三人の供《とも》をつれて、
　日地月《にちちげつ》合せて作る串団子《くしだんご》
　星の胡麻《ごま》かけ喰《くら》う王仁口《わにぐち》

という、はなはだ気宇壮大な和歌？　を残して、唖然としている幹部や信者たちをあとに、日本を脱出したのである。

天之叢雲九鬼武産合気道《アメノムラクモクカミサムハラ》とは

出口王仁三郎が日本を脱出したとき、三人の随員が従っていた。法学士の松村真澄《まさずみ》、合気道の達人植芝盛平、そして理髪職人の名田《なだ》音吉である。法学士の松村は、庶務会計兼渉外係であったろうし、武道家の植芝は護衛係《ボデーガード》だろうから一応わかる。ただ、残る一人が理髪師の名田だったというのは、いかにも王仁三郎らしい。

王仁三郎の壮図は、結局、現地における彼の人気のすさまじさに恐れをなした満州軍閥張作霖の裏切りや日本商社の契約違反（必需物資提供の中止）などによって瓦解した。ホロンバイルの草原にひるがえった「日・月・星旗」は色ざめ、彼自身も張作霖によって逮捕され、銃殺寸前で救出される始末となった。彼の人類愛善の理想郷建設は、八年後の石原莞爾《かんじ》の東亜連盟の戦略基地としての満州建国計画にゆだねられることとなる。

ここでは、九鬼文書の「兵法武教」篇の、九鬼流体術を現代に再生させた合気道の祖、植芝盛平について語りたい。

植芝盛平は熊野田辺の人である。彼は近世の起倒流、柳生流柔術を経て、古流の合気柔術に入ったといわれている。だが、彼自身は九鬼隆治子爵と三浦一郎（『九鬼文書研究』の著者）に対して「私の武道は九鬼神伝の武道である」と語っていた。

彼は、九鬼神伝天真兵法の秘伝書を数巻所持しており、また自宅には九鬼家が宗司《そうし》している「艮《ウシトラ》ノ金神《コンジン》」を奉斎していた。いうまでもなくこの神こそ、大本教の開祖出口ナオが世に出した神である。

彼は、大本教に入信し、出口王仁三郎にその武道家らしい淡白な性格を愛され、教団の青年たちにはその合気道（当時は「植芝武道」とよばれていた）を教えていた。そして、王仁三郎の日本脱出にも同行することになったのである。

彼の武道——合気道、より正確には「天之叢雲九鬼武産合気道《アメノムラクモクカミサムハラ》」という——は、古流の柳生流や大東流の合気柔術を継承したものといわれているが、それは古流の復元や再生ではなく、力でもって力を制するという従来の武道観を全面的に変革したものである。

「神人合一して、無限の威力を発揮す」といわれたその神技も、体力のない女性や子供、さらに老人にも会得できるものであった。それは、九鬼文書——大本教の信仰にもとづく彼の武道原理「武は戈《ほこ》を止《とど》めると書く」の身体的展開であった。

近代・現代を超克する独自の文明論を提示して、日本よりもむしろ欧米の知識人たちのあいだで有名な桜沢如一の"Le Livre du Judo"(「柔道の本」宇原久雄氏の訳あり)は、この植芝の武道に一章をさき、その無双原理の面から植芝を絶讃している。次にかかげるのは、桜沢の植芝への讃歌(詩)の一節である。

「よく働くこと。最低生活をすること。
これこそ頑健な肉体と柔和な人間を形づくり、
確乎《かっこ》たるものにする」

植芝武道の精神は、古典ギリシアの「健全なる肉体に健全な精神が宿っていたならば」という、人間の当然抱く最高の渇仰、憧憬に応えるものであった。

それはまた同時に、桜沢如一の哲学のように、行き詰まった現代文明に対する警鐘でもあった。物理的な力《パワー》を直接、間接行使することによって事態を自分に有利に展開してゆこうとする「体主霊従《たいしゅれいじゅう》」の文明は、核兵器の出現によってその頂点——限界に達した。

だが、核兵器の出現がなくとも、第一次、第二次世界大戦を防げなかったし、その兵器の出現がなかったら、おそらく第三次大戦の勃発も防げなかったにちがいない。もちろん、この二度にわたる大戦で解放された人々も多い。しかし、それらの人々も、近代化の名のもとに、この「戦争を防げない文明」をとり入れる、いや、それにとりこまれることによって実質的には解放とほど遠い世界にあることは否定できない。

出口王仁三郎は、このような閉塞《へいそく》した、行きどまりの文明に、世界に、大きな風穴をあけようとして挫折した。この王仁三郎の思想に共鳴した植芝盛平は、これまでの武道を否定することによって、武道に一つの在り方を示してくれた。柳生流の極意ではないが「身を捨ててこそ浮かぶ瀬もあれ」である。自分の無力を骨の髄まで悟ったうえで、その限界を乗り超える方法、これが出口王仁三郎の宗教であり、植芝盛平の合気道だったのではないだろうか。

再生「大本教」はどこにゆくのか

私は、九鬼文書の伝承の継承者として、戦前の大本教の場合をとりあげてみた。では、戦後の、というよりも出口王仁三郎以後の同教団はどうだろうか。

昭和三五年、中央公論社から出版された梅棹忠夫氏の『日本探検』でとりあげられた「大本教」は、出口王仁三郎とその教団についての、おそらく最高の報告《ルポルタージュ》といってよいだろう。そこに述べられている戦前の、「大国の論理」ならぬ「小国の論理」にもとづく普遍主義――人類人主義《ホマラニスモ》の旗をかかげて玉砕した教団の在り方と、戦後の再建された同教団のクエーカー的「良心的反戦者」としての一貫した姿勢に共感を覚えた人も多かった。大本の本拠、綾部市の市会が全国に率先して非核平和都市宣言をしたのも、王仁三郎の意を体した植芝盛平の合気道の精神を踏まえた果敢な「開き直り」的挑戦でもあった。つまり、梅棹氏が報告した時点で、王仁三郎の宗教的理想主義はまだ生きていたと見ることができる。

だが、梅棹報告より二三年後の現在はどうか。私は昨年（昭和五八年）の中央公論二月号で、同教団についての新しい報告を見出した。社会心理学者の島田一男氏の連続対談「現代宗教者に問う」の第二回が「大本教嗣出口聖子」（四代目教主）であったのである。

この対談の場での聖子氏は、きわめて理性的な姿勢で一貫されていたように見える。たとえば島田氏が、出口ナオに感応した宇宙至高神の国常立尊《クニトコタチ》が、「艮《ウシトラ》」（丑寅）の方向に鬼門《きもん》として遠ざけられていたという教説を踏まえ、いわゆる「鬼門」という考えが大本教にあるのかと訊ねたのに対して、はっきりと、運勢占い的な意味で方角、つまり鬼門説などはないし、姓名判断などないと答えている。「過去のこだわり、捕われから一切解放される、全てのものをあらため、世を建て直すというのが大本の考えですから」というわけだ。

また、霊の存在についての島田氏の問いに対しては、「私ども（大本教）は霊に対して幅広い捉え方をしています。私たちの心もそうですし、この世に存在している全てのものが神霊の働きによって誕生し形成されています。したがって、人間の心も神霊の一部をいただいているわけです。神霊と無関係の心、魂ではなく神の分霊ということで、人は神の子であるという人間観をもっているわけです」と答えている。

さらに「万教同根」については、「他の宗教ではどう考えられているか知りませんが、うちでは万教同根といって愛や善や正義の根源は一つである。ただその民族、民族の言葉で、愛の根源、正義の根源である神さま、神霊をお呼びしている。祈りの習慣もそうである。そうした観点から全ての宗教が手をつないでいこうという考え」また、その考えに共鳴してくれる他宗教（たとえばアメリカの聖公会など）と交流・提携（具体的には共同礼拝）しているのだと答えている。まずは模範答案である。

さすが、四代目の教祖だけに、彼女には祖父の王仁三郎の普遍主義ないし人類人主義《ホマラニスモ》がみごとに生きているかに見える。

だが、対談の最後に、島田氏の「御本尊は」という問いに対して「大天主大神でございます」と答えたというのが注目された。おそらく、彼女のこの返答が、現在の大本教のすべてを物語っているのではあるまいか。

大天主大神――竹内文書の宇宙の主宰神「神随南無天地人《カンナガラナムアモン》」ほどではないが、その名には、たしかに万教同根・万教帰一の思想が反映しているだろう。だが「艮ノ金神《ウシトラ》」という肯定的な意味での祟りの神的なニュアンスはまったくない。出口ナオが世に出した神であるウシトラノコンジンが九鬼文書の「鬼門呪詞」の神であり、出口王仁三郎の「鎮魂帰神」法も「九鬼宗門」の秘法であったこと、さらに同教の基本テーゼでもあった出雲志向や「国祖隠退再現神話」などが、この「大天主大神」からまったく感じられないのである。いわば牙を抜かれたウシトラノコンジンというイメージである。

ウシトラノコンジンからクニトコタチとなり、さらにスサノオノミコトが主神となっても、そこには人間の、つまり文明の悪や罪を一身に背負って、引退させられた救世主《メシア》のイメージがあった。また、その神が救世主《メシア》なるがゆえに、ミロクとして下生《げしょう》（再臨）して、人々を救済するという信仰も生まれた。さらに、たんに救済をまつという受動的な信仰だけにとどまらず、ミロクの世をもたらすために、世界の「立て替え」「立て直し」に向かって積極的に働こうというダイナミックなエネルギーも生まれた。

私は、生前の王仁三郎が築いた神学に、九鬼神道を超えるものを見た。彼は、現代を克服する新しい文明の「神」を求めた。彼のスサノオ復活は、行き詰まった現代「体主霊従《たいしゅれいじゅう》」文明の諸矛盾を止揚《しよう》し、ミロクの世を実現させるための必要不可欠の条件であった。

この王仁三郎の基本的理念――信仰に対して、出口聖子氏の「大天主大神」は、いささかソフト（平和）過ぎるのではあるまいか。瑞霊《みずのみたま》とは、決して体制妥協的なものではないはずである。体制（体主霊従文明）の「立て替え」「立て直し」をどこまで具体的に実行に移すか。これが、九鬼文書伝承の実践的継承者としての今日の大本教の試金石となるだろう。

終章

スサノオが甦るとき

さまざまなスサノオ神のイメージ

九鬼文書は基本的には出雲王朝の伝承である。いいかえれば、それはスサノオノミコトを主人公とする太古代の伝承だった。

スサノオといえば、日本神話のなかで、もっともダイナミックでバイタリティに溢れた神である。彼は、現代人にとって、もっとも魅力的な神といってもよい。記紀神話でのこの神は、高天原神話と出雲神話とをつなぐ媒介である。天津《アマツ》神と国津《クニツ》神のあいだの橋《ブリッジ》である。それだけに、古代史家のなかでも、スサノオに注目している人も多い。

たとえば水野裕氏は、この神を新羅《シラギ》系帰化人の韓鍛冶《カラカジ》共同体の祖神としてとらえ、門脇禎二氏は、先住の海人族を駆逐した、韓鍛冶系鉄文化を背景とする新羅系集団の氏神と見ている。

スサノオを鍛冶神(王)と見る背景は、いうまでもなく、八岐大蛇《ヤマタノオロチ》を退治して、その屍体から天叢雲剣《アメノムラクモノツルギ》(皇位継承の「三種の神器」の一つ、のち草薙剣《クサナギノツルギ》ともよばれる)をとり出したという神話、それに、この大蛇退治の現場とされている出雲が砂鉄産地であったことである。

一方、鍛冶といえば鉄、鉄といえば木炭、木炭といえば森林ということになる。ここからスサノオの紀州(木の国)における樹木播種伝承も説明できる。また、そこから紀州の熊野(木)と出雲の熊野(鉄)とを合併した主神というスサノオ観も出てくる。

スサノオを新羅系の神と見る根拠は、彼が出雲での大蛇退治後、朝鮮のソシモリに赴いたという伝承と、そのソシモリが新羅の古代製鉄地帯の近くであったということだ。また、学者は認めないが、スサノオが朝鮮建国神話の主人公「檀君」であるという古史古伝の伝承も、スサノオ＝朝鮮系説を暗黙のうちに支えている。

一方、紀州は木の国といわれるだけに、たしかに製鉄に不可欠な木炭を十分に供給できるだけの森林がある。中国や朝鮮の森林は、木炭を入手するため森林を濫伐したため、国土から森林は消滅してしまったが、モンスーン地帯の紀州は、沖を流れる黒潮（暖流）のせいもあって森林の再生産機能がぬきんでていた。それだけに、スサノオとかぎらず新羅や中国系の製鉄民がこの地に移動してきたということは十分に考えられる。熊野に残る「一本だたら」の伝説や、熊野新宮の鍛冶職の伝統も古い。また、東征のさい大阪湾での敵前上陸に失敗して熊野に上陸した神武天皇に、神剣を捧げた高倉下命《タカクラジ》の説話もある。となれば、スサノオの熊野渡来も、やはり「鉄」が一枚かんでいたという見方が出てくるのも当然といえる。かくして、スサノオ＝新羅鍛冶王というイメージが生まれた。

次に、天叢雲剣（鉄）以外のスサノオにまつわる伝承をならべてみよう。

海原の支配者（海神）であったという伝承、高天原で農業施設を破壊するなど乱暴を働いたという伝承、この荒々しい所業と海神伝承とが結びついて暴風神とする伝承もある。

さらに、若い日に亡き母イザナミを慕って「妣《ハハ》ノ国」へゆきたいと号泣したという伝承もある。晩年に、自分の後継者候補のオオクニヌシノミコトに課した数々の試練も印象的である。

また、スサノオと熊野（紀州）とを結びつける要素には、この地にあるいくつかのイザナミ伝承がある。その一つはイザナミの墓（神陵）であり、それが有馬村海辺の「花の窟《いわや》神社」とされていることだが、それについてはすでに記した。古史古伝の一つ「秀真伝《ホツマツタエ》」によれば、熊野にはイザナミの五つの産殿《うぶどの》のうちの一つがあったという。あるいはスサノオは、この熊野の産殿で生まれたのかもしれない。

もちろん、この生まれたということは、出現したということであり、それはまた、渡来したということでもある。

では、どこから渡来したか。それは神話学者の大林太良氏や吉田敦彦氏がいうように、イザナギ・イザナミ神話が東南アジア系のものだとすれば、熊野のすぐ沖合を流れている黒潮からみて、南ということになる。つまり朝鮮（新羅）ではないということになる。

日本列島や朝鮮半島南部（新羅）の製鉄は、南方起源（渡来）なのである。製鉄技術者集団は、黒潮に乗って日本列島や朝鮮半島に渡来し、諸所に製鉄プラントを設けた。そして、それらの製鉄プラント間にはつねに連絡があったということだ。私は、これらの製鉄技術者集団の神がスサノオだったと考えている。つまり、スサノオは新羅の製鉄集団だけの祖神などではないということだ。

また、スサノオのイメージの一つに、漂泊神というのがある。記紀神話では、高天原を神逐《カンヤラ》いされたスサノオが諸所を漂泊するということになっている。九鬼文書では、それが「蘇民将来」の伝承となっている。

この伝承では、スサノオは漂泊する厄病神《やくびょうがみ》（疫病神）として登場する。だが、この疫病神も、京都の祇園社（八坂神社）をはじめ、全国の「天王社」では、病気や災害から人々を守る牛頭《ごず》天王として信仰されるようになるのだ。

ところが、さらに一つ、九鬼文書の「艮《ウシトラ》ノ金神」（宇志採羅根真）の祈りによって顕現した救世主《メシア》としてのスサノオがいる。このウシトラノコンジンは、宇宙の主宰神を助けて、万有造化を担当、超古代に「地の高天原」で地球を支配した神であるが、その神政のきびしさから諸神の反発を受け、隠退させられた悲運の神でもあった。

この神の祈りによって顕現したスサノオは、この世の「立て替え」「立て直し」のために再臨し、人々を救済してミロクの世を実現する神でもある（大本教）。なお、このスサノオを救世神《メシア》とする見方は、大本教義とは別に、神道に造詣《ぞうけい》の深い民俗学者の折口信夫によっても示唆されていた。これは「蘇民将来」と「天王」信仰とを調べれば、当然の帰結である。

スサノオはメシアであり、ミロクである

このように多くのイメージをもつスサノオの原イメージを、私たちはいったい、どのようにとらえればよいのだろうか？　その鍵《かぎ》はスサノオが牛頭神であり、牛頭天王として祀られている、信仰されているという事実にある。

バール神

牛頭《ごず》神とは、一般の牛頭天王信仰の解説者によれば、朝鮮（新羅）の牛頭山（ソシモリ）の神、あるいはインドの祇園精舎《ぎおんしょうじゃ》（釈迦が説法したとされる僧院）の守護神ということになっているが、本当のところは、正体不明とされている。

ところが、そのもとをたどれば、牛頭神は古代オリエントの神と古代地中海クレタ島の牛神信仰とが習合したとされるバール神にたどりつく。

そしてまた、旧約聖書では、ヤハウエ（エホバ）の神も、バールとよばれて崇拝されていた時代（モーゼ～ソロモン）もあった。「列王紀」によれば、ソロモン時代、エルサレムの城壁のすぐ下にバールの祭壇があり、盛大に犠牲《いけにえ》が捧げられていたという。

このようにバールは古代オリエントの最高

神であるが、オリエント神話によれば、この神は、天候を支配する神ダゴンの子とされている（子というのは分霊でもある）。ダゴンは、メソポタミア諸民族の強敵であるヒッタイト（最古の製鉄民族とされる）の竜神イルヤンカシュを破った暴風神ケルラシュと同一視されている。

つまり、暴風神ケルラシュ（ダゴン）が、竜神（蛇神）イルヤンカシュを退治して製鉄技術を獲得したという神話は、日本の記紀神話の暴風神スサノオが蛇神ヤマタノオロチを退治して、天叢雲剣《アメノムラクモノツルギ》を入手したという説話と骨格も肉づきもほぼ同じである。

また、このケルラシュ（ダゴン）は、インド・アーリアンのミタンニ族のインドラ（暴風神）でもあった。このインドラ神（ダゴン神のインド名）を奉じた製鉄民が、ダゴン＝バール神を奉じていたダビデの子ソロモンのタルシシ船団に乗り組み、極東海域に入り、黒潮にのって中国沿岸や日本列島や朝鮮半島南部に到達したわけである。

ちなみに、九鬼文書や出口王仁三郎の『霊界物語』では、スサノオが朝鮮に渡って、朝鮮神話の「檀君」になったとされているが、檀君とは牛頭山（ソシモリ）の神であり、牛頭のダゴン神のことである。

次に、スサノオ（疫病神）の漂泊伝承（「蘇民将来」伝承、これは沖縄にもある）であるが、ここでいう疫病とは、人間に対する神の懲罰と報復の隠喩《メタファア》だという解釈がある。だが、私は、それよりもある特定の病気が神の呪いないし穢《けが》れとして社会的制裁の対象とされていた古代以来の広く世界各地に見られる習俗を重視したい。

つまりスサノオは、高天原の神々に呪われ、穢れた存在（厄病）として神逐《カンヤラ》い（追放）という制裁を受けた神であった。そこからスサノオの厄（疫）病神としての漂泊がはじまったのである。

だが、民衆の判断は正しかった。民俗学では、この漂泊の神 wandering god（遊行神）を、集落を巡り歩き、病気を治す神としている。天王信仰のスサノオや、各地を遍歴して、病める人々を治していたイエスがこれにあたる。また、釈迦の原型も治癒神であった。

もともと救世主《メシア》とは、このような存在（神）をいうのである。たしかにメシアとはヘブライ語で「油を注がれた者」つまり神によって聖別された王という意味で、ギリシア語のキリストのことである。それは、現在の王（支配者とその体制）に絶望的な人民にとり、神が約束してくれた救済者ということになる。

そこから、人々を苦難におとしいれた原因としての罪科（人々を絶望的状況に追い込む原因となった支配体制をつくり出した罪科）を一身で贖《あがな》うために苦しむ者として、この世に現われるメシアという意識が出てくる。

したがって、メシアは、しばしば体制変革の旗手として期待される。イエスも釈迦も民衆に期待されていた。だが、二人とも地上の王国建設には着手せずに終わった。二人とも、まず精神（魂）の改革を唱えたわけである。イエスは「最後の審判」に再臨することを予告し、釈迦は、メシアとしてのミロクは、三六億七〇〇〇万年後に出現すると予告して世を去った。にもかかわらずミロク信仰は中国では、しばしば王朝の末期に盛んになり、農民の反乱をひき起こし、やがて易姓革命のエネルギー（起動力）となった。

スサノオの場合は、九鬼文書のいう出雲王朝滅亡後の苦難のながい時代にピリオドを打ち、世界の「立て替え」「立て直し」を行なって、人民にミロクの世（水晶の世）を約束するメシア（ミロク）として信じられたわけである。

かつてスサノオは、白人根国《シロヒトネ》においてはバプテスマのヨハネの予言したキリストとよばれ、黒人根国《クロヒトネ》においては釈迦の予言した弥勒《ミロク》として、再臨（下生《げしよう》）する存在であった。そしてまた、そのイメージのゆえに、古代オリエントや古代地中海世界でも、人民の最高神として信仰されていた。そして今、人類を文明の破局から救済すべく甦ろうとしている。

ここに、九鬼文書の主人公たる出雲王朝の祖としてのスサノオノミコトが、現代の私たちによびかける実存的な意味があるといえるだろう。

文献について

「九鬼文書」として現在私たちが入手できるのは、吾郷清彦編『九鬼神伝全書』（新国民社）である。

この『全書』とともに著者が参照した戦前の三浦一郎著『九鬼文書の研究』（皇道宣揚会）は、絶版のうえ、戦時中特高警察の手によってほとんど回収されたといわれ、現在古書市場で入手することも不可能に近い。

なお、その概要については、吾郷氏の『古事記以前の書』をはじめとする古史古伝研究書、それに吾郷、鹿島他著『古史古伝大系』（新国民社）を読まれたい。

佐治芳彦　さじ よしひこ
福島県会津若松市に生まれる。
1951年 東北学院大学英文学科卒業。
1954年 東北大学文学部史学科卒業。
編集者を経て，小学館。講談社の百科事典ロジェクトチームに参加。現在，古代史評計家として活躍中
著書『アスアサ四ジジシンアル』（みんと）『謎の竹内文書』『謎の神代文字』『謎の東日流外三郡誌』『謎のシルクロード』（いずれも徳間書店刊）
訳書『人工人間』（プレジデント社）

本書は1984年２月、徳間書店より『謎の九鬼文書』として刊行されたものの、復刻版となります。

【復刻版】謎の九鬼文書

今明かされる大本教の最高機密

第一刷　2025年2月28日

著者　佐治芳彦

発行人　石井健資

発行所　株式会社ヒカルランド

〒162-0821 東京都新宿区津久戸町3-11 TH1ビル6F

電話 03-6265-0852　ファックス 03-6265-0853

http://www.hikaruland.co.jp　info@hikaruland.co.jp

振替 00180-8-496587

本文・カバー・製本　中央精版印刷株式会社

DTP　株式会社キャップス

編集担当　TakeCO

ISBN978-4-86742-470-4

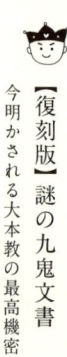

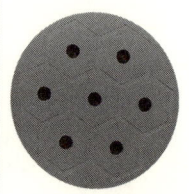

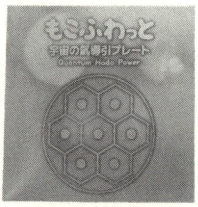

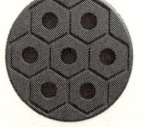

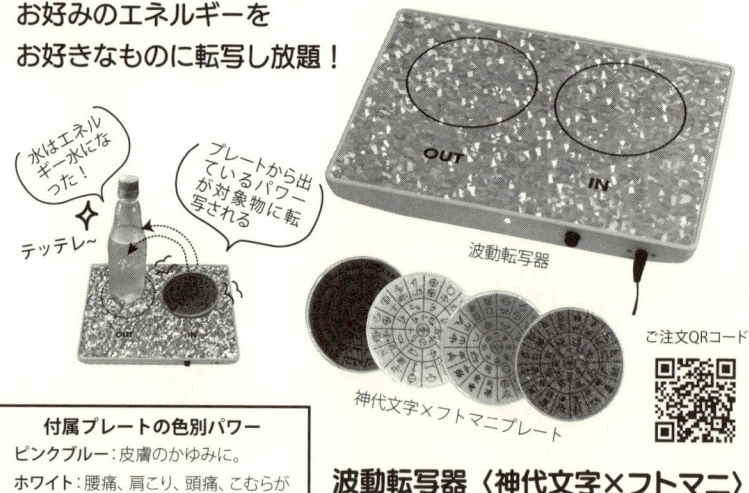

本といっしょに楽しむ イッテル♥ Goods&Life ヒカルランド

最新研究で超進化した炭！
分子構造にヒミツあり

半永久的に電子が増えて、善玉菌の巣になる炭

半永久的にマイナス電荷を生む「高機能炭」の開発に成功し、生活用に特化させたものが「フォトン竹炭パウダー」です。昔の人は、食中毒時に囲炉裏の炭を飲んで解毒しました。それだけ強力な解毒作用を持つ炭ですが、人体に有害なタール成分を含むので、体調が悪い時にだけ飲用されていました。「フォトン竹炭パウダー」は、長期的な飲用が可能で、①電気を通す＝タール分などの有機物がない　②弱アルカリ性　③分子構造に５角形―６角形が並ぶ構造を持ち、それがマイナス電荷を生みつづける　④善玉菌の巣になる　⑤化学的な処理をしていない、この５つの特徴と構造を持っていて、このような炭は他に存在しません。

【使用方法】「フォトン竹炭パウダー」は水に入れると電子量が増加します。食品に入れると味がまろやかに。歯磨きに使うのも人気です。花を活ける際、水に少量入れると善玉菌が優位になるので根腐れしにくくなります。お肌のケアに使っている方もいます。

フォトン竹炭パウダー

7,700円（税込）

内容量: 60g、本体: ポリエチレン
容器サイズ: 高さ 13㎝、直径 4cm
【成分】竹炭（国産）
衣類につくと落ちない場合がありますので、
ご使用の際はご注意ください。

ご注文はヒカルランドパークまで TEL03-5225-2671　https://www.hikaruland.co.jp/

＊ご案内の価格、その他情報は発行日時点のものとなります。

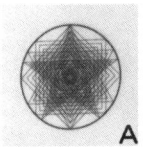

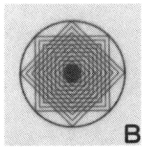

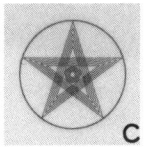

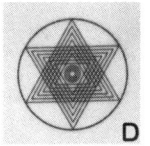

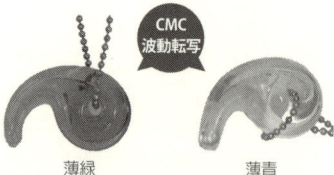

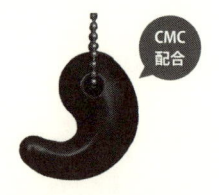

ヒカルランド　好評既刊！

地上の星☆ヒカルランド　銀河より届く愛と叡智の宅配便

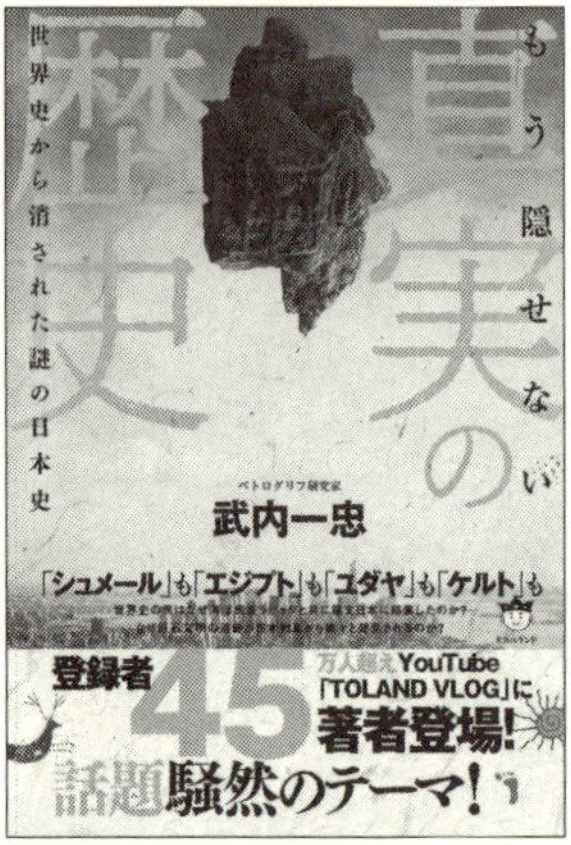

真実の歴史
著者：武内一忠
四六ソフト　本体2,500円+税

盃状穴　探索ガイドブック
著者：武内一忠
新書サイズ　本体1,300円+税

真実の歴史　エピソード0　ラピュタ編
著者：武内一忠
四六ソフト　本体2,500円+税

聖徳太子コード　地球未然紀［上巻］
著者：中山康直
A5ソフト　本体2,500円+税

ヒカルランド　好評既刊！

地上の星☆ヒカルランド　銀河より届く愛と叡智の宅配便

山窩（サンカ）直系子孫が明かす
【超裏歴史】
著者：宗 源
四六ソフト　本体2,200円+税

縄文の世界を旅した
初代スサノオ
著者：表 博耀
四六ソフト　本体2,200円+税

古典神道と山蔭神道
日本超古層【裏】の仕組み
著者：表 博耀
四六ソフト　本体2,000円+税

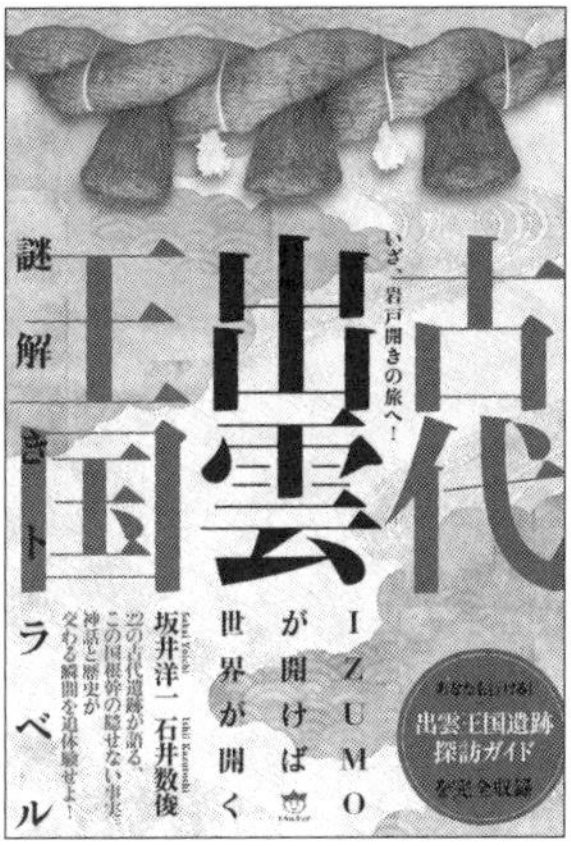

いざ、岩戸開きの旅へ!
古代出雲王国 謎解きトラベル
著者：坂井洋一／石井数俊
四六ソフト　本体2,000円+税